Cómo sacar provecho de los enemigos

Cómo distinguir a un adulador de un amigo

1.ª edición: mayo de 2002
9.ª edición: febrero de 2024

Todos los derechos reservados.
Cualquier forma de reproducción, distribución, comunicación pública
o transformación de esta obra sólo puede ser realizada con la autorización
de sus titulares, salvo excepción prevista por la ley. Diríjase a CEDRO
(Centro Español de Derechos Reprográficos, *www.cedro.org*) si necesita
fotocopiar o escanear algún fragmento de esta obra.

Títulos originales: Πῶς ἄν τις ὑπ' ἐχθρῶν ὠφελοῖτο
y Πῶς ἄν τις διακρίνειε τὸν κόλακα τοῦ φίλου
Diseño gráfico: Gloria Gauger
© Del prólogo, José García López
© De la traducción y notas [de Concepción Morales Otal]
de «Cómo sacar provecho de los enemigos» y de la traducción
y notas [de José García López] de «Cómo distinguir a un adulador
de un amigo», incluidos en el volumen I de las *Obras morales
y de costumbres (Moralia)*, de Plutarco, Biblioteca Clásica Gredos,
Editorial Gredos, S. A., Madrid, 1985. Cedida por la editorial
© Ediciones Siruela, S. A., 2002, 2024
c/ Almagro 25, ppal. dcha. 28010 Madrid.
Tel.: 91 355 57 20
www.siruela.com
ISBN: 978-84-7844-612-4
Depósito legal: M-30.983-2011
Impreso en Anzos
Printed and made in Spain

Papel 100% procedente de bosques gestionados
de acuerdo con criterios de sostenibilidad

Plutarco

Cómo sacar provecho de los enemigos

Cómo distinguir a un adulador de un amigo

Prólogo de José García López

Traducciones y notas de
Concepción Morales Otal
y José García López

Biblioteca de Ensayo 14 (serie menor)

Índice

Prólogo
José García López 9

Cómo sacar provecho de los enemigos 21

**Cómo distinguir a un adulador
de un amigo** 57

Prólogo

Las dos obras aquí recogidas, *Cómo sacar provecho de los enemigos* y *Cómo distinguir a un adulador de un amigo,* han llegado hasta nosotros entre los tratados conocidos generalmente con el nombre latino de *Moralia,* atribuidos a Plutarco, el gran polígrafo griego nacido en Queronea, Beocia, en la Grecia central, alrededor del año 50 d. C., en una época de paz y expansión del Imperio romano, bajo el gobierno del emperador Claudio.

De familia noble y acomodada, como otros jóvenes de su tiempo, Plutarco fue enviado a completar su formación a Atenas, centro todavía en esa época de la cultura filosófica. En esta ciudad asiste, en la Academia, fundada en su día por Platón, a las clases del filósofo Amonio, de ascendencia egipcia, quien lo introduce en el conocimiento de la matemática, la retórica, la religión y, sobre todo, la filosofía: platónica, peripatética, estoica y epicúrea. Finalizada su formación y animado posiblemente por su maestro Amonio, nuestro autor visita Egipto, donde recoge datos para sus tratados sobre la religión egipcia, y, al menos en dos ocasiones, viaja a Roma. En esta nueva capital del mundo mediterráneo imparte conferencias, se inicia en los conocimientos de la lengua latina, gana una serie de amigos, pertenecientes a los más diversos círculos intelectuales y del poder, y a los que posteriormente dedicará alguno de sus tratados, y se adentra en el complicado mundo de la historia romana, que le servirá para redactar su otra gran obra, sus *Vidas paralelas (Vitae)*, protagonizadas por hombres ilustres de Grecia y Roma. Su misma actividad literaria y sus importantes cargos políticos –al parecer recibió un cargo consular del emperador Trajano– lo llevaron igualmente a otros lugares y ciudades de Grecia, como Corinto, Esparta, Élide y, sobre todo, Delfos, en donde llegó a ser sacerdote del santuario, en tiempos del emperador Adriano, cargo que le sirvió para escribir sus *Diálogos Píticos* en torno al oráculo délfico.

De regreso a Queronea, a partir de reuniones mantenidas con sus familiares y sus numerosos amigos, con los que discutía sobre los más diversos temas de la cultura científica y literaria, funda en su ciudad natal, a imagen y semejanza de la platónica, una Academia, donde, ahora ya a un nivel científico, se trataban problemas sobre filosofía, retórica, matemáticas, música, ética, etc., y en la que, debido a su atmósfera platonizante, se consideraban festivos los días del nacimiento de Sócrates y Platón.

Sin duda, Plutarco, como escritor y pensador, fue un autor poco original, pero muy prolífico, que intentaba siempre, a partir de una postura ecléctica, encontrar y recoger lo que consideraba mejor y más aceptable de las distintas corrientes del pensamiento griego, que conocía muy bien. De las más de 250 obras que se le atribuyen, sólo conservamos alrededor de un centenar, entre las que se encuentran los dos tratados aquí incluidos. Toda esta ingente producción se distribuye en dos grupos principales, que ya hemos citado: *Moralia (Obras morales)* y *Vitae (Vidas paralelas)*. Estas obras, en su mayoría, se encuentran recogidas en el denominado catálogo de Lamprias, así llamado por haber sido atribuido a un supuesto hijo de Plutarco del mismo nombre, aunque en realidad se deban a un autor anónimo del siglo III o IV d. C.

Las *Vidas paralelas (Vitae),* que se encuentran entre el número 1 y el 25 del catálogo, y de las que se conservan 22, trataban y comparaban las vidas, emparejadas, de griegos y romanos, pertenecientes a las capas más importantes de la política y la cultura de los dos grandes pueblos. También nos han llegado cuatro biografías individuales de Artajerjes, Arato, Galba y Otón. Además de ser su obra más conocida, es también la más completa y más elaborada, tanto en su forma como en su contenido. Escrita por Plutarco posiblemente en los últimos años de su vida, entre el año 96 y el 117 d. C. –Plutarco muere alrededor del año 120 d. C.–, dedicada a su amigo romano Sosio Sineción, buscaba con ella el acercamiento entre Roma y Grecia, a través del conocimiento mutuo, para lo cual resaltaba las semejanzas como también las diferencias entre sus biografiados, siempre bajo un punto de vista profundamente moralista. Sus protagonistas van, entre los romanos, de los primeros reyes a los triunviros y, entre los griegos, de Teseo a los Diádocos. En ellos intentó siempre resaltar, más que sus hazañas bélicas, cuando las había, las virtudes y los vicios de sus biografiados, ya que él no se sentía un historiador, aunque sí un admirador de los dos grandes historiadores griegos, Tucídides y Polibio. Para redactar sus *Vidas*, se sirvió, eso sí, de las noticias que le proporcionaban los historiadores griegos y romanos anteriores a él, más de cien en lengua griega y cuarenta en lengua latina, desde Heródoto a Dionisio de Halicarnaso, demostrando también así su gran conocimiento de los autores de ambas culturas, sobre todo de la griega.

Las *Obras morales (Moralia)*, escritas, como las *Vidas*, probablemente en la época madura del escritor, es decir, entre el año 90 y el 117 d. C., ofrecen un contenido muy variado y su nombre se debe a la extensión a todo el *corpus* del título (griego *ēthiká*, en latín *moralia*) con el que fueron editados los primeros 20 tratados, de contenido principalmente filosófico y moral, por el sabio bizantino Máximo Planudes a finales del siglo XIII. En realidad, en estos tratados Plutarco ha volcado su conocimiento enciclopédico sobre los temas más variados de la reflexión humana, de los físico-naturales a los teológicos y literarios, pasando por los de carácter ético-didáctico, histórico-arqueológico, político, religioso, histórico-filosófico, amoroso, convival o de banquete, etc. En todos ellos es evidente que lo que interesa al autor es el contenido y no la forma en la que vierte sus ideas y reflexiones. Para escribir estos tratados Plutarco eligió dos formas principales y tradicionales entre los pensadores griegos: el diálogo y la diatriba.

La forma de diálogo la emplea en 16 tratados, imitando sólo parcialmente a su gran maestro Platón, al introducir mitos y describir el lugar donde se supone ocurren los debates, pero no logra en ellos la fuerza dramática de Platón, aunque sí nos ofrece, a veces, una atractiva caracterización de los personajes. Además, con frecuencia, sólo el comienzo conserva la forma dialogada, que pasa enseguida a ser sustituida por uno o varios discursos de los protagonistas.

La diatriba, empleada por Plutarco en una tercera parte de sus tratados, entre los que se encuentran los incluidos en esta publicación, trata, en forma de consejo y amonestación, los diversos problemas con los que se enfrenta el hombre, sus vicios, sus pasiones, sus debilidades, etc., valiéndose de comparaciones, fábulas, metáforas, citas literarias, proverbios o máximas. Es un género que se remonta a las «predicaciones» en las plazas públicas de los filósofos cínicos y que fue empleado, entre otros escritores, por Epicteto y Luciano.

Como hemos apuntado anteriormente, Plutarco, por razón de los cargos políticos que ocupó a lo largo de su vida y por sus viajes y estancias en diversos lugares de Grecia y del extranjero, sobre todo en Roma, se relacionó con gran número de personas, con las que posteriormente mantuvo una relación epistolar o personal y que, en ocasiones, se convirtieron en sus amigos. Estas personas, de las cuales conocemos el nombre de más de cien por sus escritos, mantuvieron con Plutarco una relación amistosa, ligada, a veces, a su papel de maestro, a los lazos familiares y a sus cargos en la administración civil y religiosa. Todas ellas pertenecieron a una clase culta y a las clases liberales de más prestigio de su tiempo. Así, sus amigos, a los que a veces dedica o dirige sus tratados, son filósofos, médicos, músicos, sacerdotes, rétores, sofistas, gramáticos, poetas y políticos. Entre éstos destacan el emperador Trajano, el cónsul romano Sosio Seneción y el príncipe sirio Antíoco Filópapo, a quien está dedicado el tratado *Cómo distinguir a un adulador de un amigo*.

Desde esa rica experiencia que le proporciona su labor en la Academia y su conocimiento sobre las relaciones humanas a través de sus numerosos amigos, Plutarco escribe algunos de sus tratados como el titulado *Sobre la educación de los hijos* y los dos tratados *Cómo sacar provecho de los enemigos* y *Cómo distinguir a un adulador de un amigo*. Las tres obras citadas recogen las dos grandes facetas en las que se mueve su vida y ocupan la actividad y las obras del gran polígrafo de Queronea: la educación y la amistad. Las tres se encuentran entre los llamados «Tratados de carácter ético-didáctico» y, por su relación con el tema de los dos últimos, entre ellos podríamos citar también el que lleva por título *Sobre la abundancia de amigos*.

El tratado *Cómo sacar provecho de los enemigos* comienza con una carta (capítulo 1) al político romano Cornelio *Pulcher*, que se suele identificar con el que fuera procurador en la provincia romana de Acaya, es decir, Grecia sin Macedonia, hacia los últimos años de la vida de Plutarco, y a quien el autor desea dar algunos consejos. Sigue un breve exordio (capítulo 2) que abre el tema principal (capítulos 3-10) con una frase que resume el tema tratado: «lo más perjudicial de la enemistad podría convertirse en lo más provechoso». Terminan el tratado, a modo de epílogo, unas recomendaciones finales, en las que, valiéndose de dos citas de Platón y una de Solón, pone por delante de las riquezas la virtud y señala cómo hemos de sacar provecho de los errores y los éxitos de los enemigos.

Según algún autor, Plutarco, para escribir este pequeño tratado, se habría servido de fuentes peripatéticas, pero la opinión general es que, concretamente aquí, sus fuentes son de origen cínico, para lo cual se citan tres de los principales representantes de la escuela cínica: Antístenes, Diógenes de Sínope y Crates. Así, se afirma que nuestro autor se inspiraría, probablemente, en el discípulo de Sócrates, el filósofo cínico Antístenes, del que el biógrafo Diógenes Laercio, del siglo III d. C., cita en sus *Vidas de los filósofos* 6, 12, un pensamiento similar al recogido aquí por Plutarco, y en Diógenes de Sínope, verdadero fundador de la escuela cínica, y que escuchó en Atenas a Antístenes. Plutarco en este tratado cita juntos a Diógenes de Sínope y a su discípulo Crates, para ejemplificar cómo se puede sacar provecho de desgracias como el exilio y la pérdida de riquezas.

Por su parte, el tratado *Cómo distinguir a un adulador de un amigo*, dedicado al príncipe sirio Antíoco Filópapo, está dividido en dos partes. En la primera (capítulos 1-25), se compara al adulador y al amigo y se explica la manera de distinguirlos; la segunda, más breve (capítulos 26-37), trata principalmente el tema de la franqueza, de la sinceridad en las relaciones humanas, un asunto del que se ha comenzado a hablar en los capítulos 17-20, que sirven de unión entre las dos partes del tratado. Al parecer, Plutarco se sirvió para escribir su obra de las de otros autores que escribieron sobre el mismo problema, entre los que se encontraban Teofrasto, el discípulo de Aristóteles, con su obra *Sobre la amistad* y el mismo Aristóteles con su *Ética a Nicómaco*, entre otras obras de autores que viven entre la época de éstos y la suya propia, como lo prueban las coincidencias entre las obras plutarqueas y las de Filodemo, del siglo I a. C., y Luciano, del siglo II d. C.

Con esta breve introducción hemos querido acercar al lector algunos de los aspectos de la vida de Plutarco, para hacer así más comprensible la lectura de estos tratados dentro de su extensa obra.

José García López

Cómo sacar provecho de los enemigos

1

Veo, querido Cornelio *Pulcher*[1], que has elegido la forma más suave de la administración del Estado, en la que, siendo muy provechoso a los asuntos públicos, te muestras a ti mismo, privadamente, muy amable con los que tienen trato contigo. Porque es posible encontrar un país, como se cuenta de Creta[2], sin animales salvajes, pero un Estado que no produzca envidia, celo o rivalidad, pasiones que son las más capaces de engendrar la enemistad, hasta

---

[1] Probablemente se trata de Gn. Cornelio *Pulcher*, que fue procurador en Acaya hacia los últimos años de la vida de Plutarco y a quien el autor desea dar una serie de consejos. Cf. *Corpus Inscr. Graec.* I 1186.

[2] Se encuentra en varios escritores antiguos esta tradición sobre Creta. Cf., por ejemplo, Plinio, *Historia natural* VIII 83.

ahora no ha existido (pero, si no otra cosa, nuestras amistades nos enlazan con enemistades; entendiendo esto también el sabio Quilón[3], quien a uno que decía que no tenía ningún enemigo le preguntó si no tenía tampoco ningún amigo). Y me parece que le conviene al hombre de Estado observar las otras cosas en torno a los enemigos, y oír a Jenofonte[4] cuando dice, no de pasada, que es propio de un hombre inteligente sacar provecho, incluso, de los enemigos. Por ello, esto, que muy recientemente se me presentó la oportunidad de decir sobre este asunto, reuniéndolo casi con las mismas palabras, te lo envío, guardándome, en lo que pude, de no tocar las cosas escritas en mis *Preceptos políticos*[5], ya que veo que aquel libro siempre lo tienes en las manos.

---

[3] Citado también en Plutarco, *Moralia* 96A. Cf. Aulio Gelio, I 3.

[4] *Económico* I 15.

[5] Conservamos esta obra, que se encuentra en Plut., *Mor.* 798A-825F.

2

A los antiguos les bastaba con no ser atacados por animales extraños y fieros, y éste era el fin para aquéllos en sus luchas contra los animales salvajes. Pero sus sucesores, habiendo aprendido ya a usarlos, les sacan también provecho, alimentándose con sus carnes y vistiéndose con su pelo, curándose con su hiel y con su leche cuajada y armándose con sus pieles, de tal forma que es justo temer que, si le hubieran faltado los animales al hombre, su vida se habría vuelto salvaje y ruda[6]. Por tanto, puesto que es suficiente para los demás el no sufrir mal alguno por parte de los enemigos y Jenofonte[7] dice que el hombre inteligente saca provecho incluso de los que difieren de él, no se debe desconfiar, antes bien buscar el método y el arte a través del cual este bien pueda ser alcanzado por aquellos a los que les es imposible vivir sin enemigos. El agricultor no puede cultivar cualquier árbol, ni el cazador do-

[6] Cf. Plut., *Mor.* 964A.

[7] *Económico* I 15; cf. también *Ciropedia* I 6, 11.

mesticar cualquier animal salvaje. Por tanto, procuraron sacar provecho de ellos, según la necesidad, de unos y de otros: el agricultor, de los árboles que no dan fruto, y el cazador, de los animales salvajes. El agua del mar no es potable y es mala, pero alimenta peces y es un medio que conduce a todas partes, y para los viajeros un vehículo capaz de transportarlos. Cuando el sátiro quiso besar y abrazar el fuego, al verlo por primera vez, le dijo Prometeo:

tú, macho cabrío, después llorarás por tu barba[8];

pues el fuego quema al que lo toca, pero proporciona luz y calor y es instrumento de todo arte para los que han aprendido a usarlo. Mira también al ene-

---

[8] Del *Prometeo portador del fuego* de Esquilo. Cf. Nauck, *Trag. Graec. Frag.*, *Esquilo*, n.º 207. Esto que se cuenta del sátiro se ajusta a lo que se dice de los naturales de América, cuando los europeos llevaron por primera vez el fuego a sus territorios. Encantados por su brillo, se aproximaban para tocarlo, y lo tomaban por un animal que mordía.

migo, por si, aunque sea perjudicial en las otras cosas y difícil de manejar, presenta, de alguna forma, algún asidero y utilidad particular y es provechoso. También la mayoría de las cosas son hostiles, odiosas y enemigas para los que las tratan; pero ves que algunos usaron de las enfermedades de su cuerpo para su ocio, y los trabajos que les sobrevinieron a muchos les dieron fuerzas y los ejercitaron. Algunos hicieron, como Diógenes[9] y Crates[10], del destierro de la patria y de la pérdida de riquezas viático para el ocio y para la filosofía. Zenón, al romperse un navío fletado por él, cuando se enteró, dijo: «¡Oh destino!, haces bien al reducirnos al manto raído»[11]. Pues, igual que los animales fuertes de estómago y sanos, si comen culebras y escorpiones, los digie-

---

[9] Cf. Diógenes Laercio, VI 20 ss. Se refiere a Diógenes de Sínope (400-325 a. C.), el Cínico, fundador de la escuela de los cínicos.

[10] *Ibid.*, VI 85. Discípulo de Diógenes de Sínope.

[11] Citado, de nuevo, en Plut., *Mor.* 467D y 603D. Cf. Dióg. Laer., VII 5, y Séneca, *Sobre la tranquilidad del alma* XII. Se trata de Zenón de Citio (Chipre), discípulo de Crates.

ren, y hay algunos que se alimentan con piedras y conchas, que transforman a través de la fuerza y el calor de su aliento, pero los delicados y enfermos, si se llevan a la boca pan y vino se marean, del mismo modo los necios destruyen las amistades, y, en cambio, los prudentes pueden usar convenientemente incluso las enemistades.

3

En primer lugar, por tanto, me parece que lo más perjudicial de la enemistad podría convertirse en lo más provechoso para los que le prestan atención. ¿Qué significa esto? El enemigo está siempre acechando y velando tus cosas y buscando la ocasión por todas partes, recorriendo sistemáticamente tu vida, no mirando sólo a través de la encina, como Linceo[12], ni a través de ladrillos y piedras, sino

---

[12] Hermano de Idas e hijo de Afareo. Participó en la cacería de Calidón y en la expedición de los Argonautas, donde fue utilizado por la agudeza de su vista. Veía, por ejemplo, a través de

también a través de tu amigo, de tu siervo y de todos tus familiares, indagando, en lo que es posible, lo que haces, y escudriñando y explorando tus decisiones. Pues muchas veces, por nuestro abandono y negligencia, no nos enteramos de que nuestros amigos están enfermos y se mueren, pero de los enemigos nos ocupamos incluso de sus sueños. Las enfermedades, los préstamos y las diferencias con las mujeres pasan más desapercibidos a aquellos a quienes les tocan que al enemigo. Sobre todo está pendiente de los yerros y sigue sus huellas. Y así como los buitres son arrastrados por los olores de los cuerpos muertos, pero no captan el olor de los limpios y sanos, así las cosas enfermas, malas y dolorosas de la vida mueven al enemigo, y contra éstas se lanzan los que nos odian, las atacan y las despedazan. Por tanto, ¿es esto provechoso? Sin duda lo es, procurando vivir con precaución y preocupándose de uno mismo, y tratando de no hacer ni decir nada con indiferencia e irreflexivamente, sino siem-

una tabla de madera. Cf. Plut., *Mor.* 1083D; Píndaro, *Nemeas* X 60; Horacio, *Cartas* I 1, 28, y Pausanias, IV 2.

pre mantener cuidadosamente, como en un régimen severo, la vida irreprensible. Pues el cuidado, que así reduce las pasiones y conserva el razonamiento, produce una costumbre y una resolución de vivir bien e irreprochablemente. Y, así como las ciudades castigadas por las luchas con los vecinos y las expediciones militares continuas se contentaron con unas buenas leyes y un gobierno sano, del mismo modo los que son obligados por algunas enemistades a ser sobrios en su vida y a guardarse de ser negligentes y confiados, y hacer cada cosa con utilidad, sin darse cuenta son llevados por la costumbre a no cometer ninguna falta y a ordenar su conducta, por poco que la razón les ayude. Pues el dicho

Ciertamente se alegrarían Príamo y los hijos de Príamo[13]

éstos siempre lo tienen a mano, los vuelve, los desvía y los aleja de aquellas cosas de las que sus enemigos se alegran y se ríen. Y vemos que los artistas dioni-

---

[13] Homero, *Ilíada* I 255.

síacos[14] muchas veces contienden en los teatros entre ellos mismos con negligencia, sin ánimo y sin esmero, pero cuando existe contienda y porfía con otros, no sólo se cuidan de estar más atentos ellos mismos, sino que también se cuidan más de su instrumento, tensando las cuerdas y ajustando y tocando sus flautas con gran armonía. Por eso, el que ve que su enemigo es un rival de su vida y su fama pone más atención en sí mismo, examina con cuidado sus acciones y ordena su vida. Puesto que también esto es propio del vicio, avergonzarse ante los enemigos más que ante los amigos por los errores que cometemos. De aquí que Nasica[15], creyendo y diciendo algunos que los asuntos de los romanos estaban seguros, después de haber sido aniquilados los cartagineses y sometidos los aqueos, dijo: «Precisamente ahora estamos en peligro, pues no nos hemos dejado a quién temer ni ante quién avergonzarnos».

---

[14] Los artistas, actores y músicos, que en las Fiestas Dionisíacas de Atenas competían unos con otros.

[15] P. Escipión Nasica, hijo de Gn. Escipión. Cf. Tito Livio, XXIX 14.

4

Además, toma aún el dicho de Diógenes[16], muy propio de un filósofo y un político: «¿Cómo me podré vengar de mi enemigo?». «Siendo tú mismo bueno y honrado.» Los hombres se afligen cuando ven que los caballos de los enemigos son celebrados y sus perros alabados. Si ven cultivado el campo o el jardín florido, se lamentan. ¿Qué crees, pues, que harán si te muestras como un hombre justo, sensato y bueno, celebrado en discursos, limpio en tus obras, ordenado en tu género de vida,

cultivando a través de tu pensamiento rica sementera,
de la que brotan prudentes consejos[17]?

«Los hombres vencidos están atados con un silencio de muerte», dice Píndaro[18], pero no sencillamente

---

[16] Citado también en Plut., *Mor.* 21E.

[17] Esquilo, *Siete contra Tebas* 593-594. Citado también en Plut., *Mor.* 32D, 186B, y *Vida de Arístides* 3 (320B).

[18] Pínd., *Fr.* 229 (ed. de Christ).

todos, sino cuantos se ven a ellos mismos vencidos por sus enemigos en solicitud, honradez, magnanimidad, humanidad y favores. Estas cosas «retuercen la lengua», dice Demóstenes[19], «cierran la boca, ahogan y hacen callar»:

Tú, por tanto, distínguete de los malos, ya que te es
[posible[20].

Si quieres afligir al que te odia, no lo taches de hombre degenerado ni cobarde, ni libertino, ni bufón, ni innoble, sino tú mismo sé un hombre, muéstrate moderado, sincero, y trata con amabilidad y justicia a los que tienen trato contigo. Pero, si eres empujado a censurar, ponte a ti mismo muy lejos de las cosas que tú censuras. Penetra en tu alma, examina tus puntos débiles, no sea que algún vicio, desde alguna parte, te diga suavemente lo de aquel escritor de tragedias:

---

[19] Demóstenes, IX *(Sobre la embajada)* 208.

[20] Eurípides, *Orestes* 251.

estando tú mismo lleno de llagas, eres médico de otros[21].

Si le llamas ineducado, aumenta en intensidad tu amor al estudio y al trabajo; si cobarde, muestra más tu valentía y tu audacia; y si libertino y desesperado, borra de tu alma cualquier huella de amor por el placer que haya pasado desapercibida. Pues nada hay más vergonzoso ni doloroso que la blasfemia que se vuelve contra el que ha blasfemado, sino que, así como parece que la reverberación de la luz molesta más a los ojos enfermos, también dañan más los reproches que se vuelven, a causa de la verdad, contra los mismos que los hacen. Pues, así como el viento del Nordeste[22] arrastra las nubes, también la vida mala arrastra sobre sí misma los reproches.

---

[21] De una obra desconocida de Eurípides. Cf. Nauck, *Trag. Graec. Frag.*, *Eurípides*, n.º 1086; citado también en Plut., *Mor.* 71F, 481A y 1110E.

[22] Proverbio. Cf. Aristóteles, *Problemas* 26, 1; Teofrasto, *Sobre los vientos* 410; Plinio, *Historia natural*; Plut., *Mor.* 823B, y Nauck, *Trag. Graec. Frag.*, *Adesp.*, fr. 75.

5

Así pues, Platón, cuantas veces se encontraba con hombres que obraban torpemente, volviéndose hacia sí mismo, solía decir: «¿Seré yo acaso igual que ellos?»[23]. El que censura la vida de otro, si enseguida observa su propia vida y la cambia hacia lo contrario, enderezándola y corrigiéndola, sacará algún provecho de la censura, que, de lo contrario, parece ser, y lo es, inútil y vacía. Por eso, la mayoría se ríe si uno que es calvo o jorobado censura y se mofa de otros por las mismas cosas, y, en general, es risible censurar y mofarse de cualquier cosa que puede devolverle la censura. Como León el Bizantino, quien, habiendo sido injuriado por un jorobado por la enfermedad de sus ojos, dijo: «Tú me echas en cara una desgracia humana, cuando llevas a tus espaldas la venganza divina»[24]. Y, bien, no injuries a otro por adúltero, si tú mismo eres un loco

---

[23] Esta reflexión de Platón se encuentra citada también en Plut., *Mor.* 40D, 129D y 463E.

[24] Otra versión algo distinta la hallamos en Plut., *Mor.* 633C.

por los jóvenes; ni por desordenado, si tú mismo eres ruin:

Tú eres de la misma estirpe de la mujer que mató a su
[marido,

le dijo Alcmeón a Adrasto. ¿Qué hacía, en verdad, aquél? No le echaba en cara la injuria de otro, sino la suya propia:

y tú eres el asesino de la madre que te engendró[25].

Y Domicio[26] dijo a Craso[27]: «¿No lloraste tú por la murena[28] que alimentabas en tu vivero?». Y Craso

---

[25] Del *Alcmeón* de Eurípides. Cf. Nauck, *Trag. Graec. Frag.*, *Adesp.*, fr. 358.

[26] Gn. Domicio Ahenobarbo, siglos II-I a. C., cónsul en el año 96 y censor en el 92 con L. Licinio Craso.

[27] No el triunviro, sino su tío.

[28] O morena, pez parecido a la anguila. La morena de Craso era famosa. Plutarco habla dos veces más de esto, en *Mor.* 811A, y en 876A. Cf. también Eliano, *De la naturaleza de los animales* VIII 4.

respondió: «¿No enterraste tú a tres mujeres sin derramar una sola lágrima?». No es necesario que el que vaya a injuriar sea gracioso, de voz potente y audaz, sino irreprochable e intachable. Pues a ninguno parece la divinidad ordenar tanto su «conócete a ti mismo» como a aquel que va a censurar a otro, para que, por decir lo que quiere, no haya de escuchar lo que no quiere. Ciertamente, una persona de este tipo «quiere», según Sófocles,

Soltando su lengua vanamente, oír involuntariamente aquellas palabras que dice voluntariamente[29].

6

Por tanto, éste es el provecho y la utilidad que se saca con ultrajar al enemigo; pero no menos provecho se saca con lo contrario: con ser ultrajado y con que hablen mal de uno los enemigos. Por eso, An-

---

[29] De una pieza desconocida. Cf. Nauck, *Trag. Graec. Frag.*, *Sófocles*, fr. 43.

tístenes[30] dijo muy bien que los que quieren salvarse necesitan amigos auténticos o enemigos ardientes. Pues los unos amonestan a los que se equivocan, y los otros, al censurarlos, los alejan del error. Y, puesto que ahora la amistad es de voz débil, cuando habla con franqueza, y su lisonja es locuaz y su amonestación muda, se debe oír la verdad de boca de los enemigos. Pues, así como Télefo[31], al no encontrar un médico conveniente, ofreció su herida a la lanza enemiga, del mismo modo es necesario que los que carecen de una persona amiga que les amoneste soporten la palabra del enemigo que los odia, si muestra y reprende su vicio, considerando el hecho, pero no la intención del que habla mal de

---

[30] Discípulo de Sócrates considerado el fundador de la escuela filosófica de los cínicos. En Plut., *Mor.* 74C y 82A, se da a Diógenes como autor de este dicho. En otros manuscritos se pone también aquí a Diógenes en lugar de Antístenes.

[31] Porque no podía sanar de la herida que le hizo Aquiles, a no ser por medio de la misma lanza del héroe que se la había causado. Historia contada, entre otros lugares, en Plut., *Mor.* 46F; Propercio, II 63; Ovidio, *Tristia* V 1, 15.

ellos. Pues, igual que el que pensaba matar a Prometeo, el Tésalo[32], golpeó con su espada el tumor[33] y lo abrió de tal forma que el hombre se salvó y se liberó del tumor reventado, del mismo modo con frecuencia la injuria que se hizo por ira o enemistad curó un mal del alma, desconocido o descuidado.

Pero la mayoría de los que son injuriados no miran si lo que se dice les es aplicable, sino qué otra cosa es aplicable al que injuria, y, como luchadores que no se limpian el polvo, así ellos no se limpian los ultrajes, sino que se salpican unos a otros y, en consecuencia, se manchan y ensucian unos a otros al caer. Y conviene que el que oye hablar mal de sí al enemigo se libere de su falta con más cuidado que de la mancha que tiene en su ropa y que le ha sido mostrada. Y, si alguno habla de faltas que no

---

[32] Al parecer, un sobrenombre de Jasón de Feras, tirano de Tesalia, del siglo IV a. C. En todo caso, la historia se cuenta de Jasón por parte de Cicerón, *Sobre la naturaleza de los dioses* III 28 (70); Plin., *Historia natural* VII 51, y Valerio Máximo, I 8, ext. 6. Cf. Jenofonte, *Helénicas* II 3, 36.

[33] El tumor de Prometeo.

existen, debemos, no obstante, buscar la causa por la que pudo surgir la blasfemia y cuidarnos y temer no sea que, sin darnos cuenta, hayamos cometido una falta cercana o parecida a la que se dice. Así el peinado de su cabello y su paso demasiado delicado hicieron caer a Lacedes, el rey de los argivos, en sospechas de afeminamiento; y a Pompeyo, que estaba lejos de ser afeminado y libertino, su forma de rascarse la cabeza con un solo dedo[34]. Y Craso fue acusado de acercarse a una de las vírgenes vestales, porque, queriendo comprarle una hermosa finca, con frecuencia se hallaba, por esto, con ella en privado y le hacía la corte[35]. Y a Postumia[36], su risa pronta y su charla demasiado atrevida con los hombres la hizo tan sospechosa que fue acusada de disoluta. Se la halló, en efecto, libre de esta culpa; sin embargo, al soltarla, el Pontífice Máximo, Espurio

---

[34] Esta costumbre de Pompeyo se cita también en Plut., *Mor.* 800D; en la *Vida de Pompeyo* 48 (645A), y en *Vida de César* 4 (709B).

[35] Más completa se halla esta historia en Plut., *Vida de Craso* 1 (543B).

[36] Una virgen vestal. Cf. Tito Livio, IV 44.

Minucio[37], le recordó que no usara palabras más desvergonzadas que su propia vida. Y Pausanias a Temístocles[38], que era inocente, le hizo caer en la sospecha de traición a causa de tratarle como amigo, escribirle y enviarle mensajes constantemente.

7

Por tanto, siempre que se ha dicho algo que no es verdad, no se debe mostrar desprecio y despreocupación porque es una mentira, sino considerar cuál de las cosas dichas o hechas por ti, de tus ocupaciones o relaciones, ha ofrecido el parecido para la calumnia, y guardarse cuidadosamente de esto y evitarlo. Pues, si otros, al verse envueltos en hechos no deseados, sacan de ellos una lección provechosa como dice Mérope:

---

[37] *Pontifex Maximus* en Roma, en el año 418 a. C.

[38] Tucídides, I 135. Cf. también Plut., *Vida de Temístocles* 23 (123C).

> *el destino, tomando de mis cosas*
> *como honorario lo más querido por mí,*
> *me hizo sabia*[39],

¿qué nos impide, tomando al enemigo como maestro gratuito, sacar provecho y aprender alguna de las cosas que desconocemos? Pues muchas cosas las percibe mejor el enemigo que el amigo, ya que «el amante se ciega ante el amado», como dice Platón[40], pero con el odio se halla junto con la curiosidad también el charlar. Hierón[41] fue ultrajado por uno de sus enemigos a causa del mal olor de su boca. Por tanto, cuando llegó a su casa le dijo a su mujer: «¿Qué dices? ¿Tampoco tú me hablaste de esto?». Pero ella, que era virtuosa e inocente, le contestó: «Yo creía que todos los hombres olían así».

---

[39] Del *Cresfonte* de Eurípides; Nauck, *Trag. Graec. Frag.*, Eurípides, fr. 458.

[40] *Leyes* 731e. Cf. Plut., *Mor.* 92E, 48E y 1000A.

[41] Famoso tirano de Siracusa del siglo IV a. C. La historia es repetida en Plut., *Mor.* 175B, y en otros escritores. Algún autor la atribuye a su hermano Gelón, el otro tirano de Siracusa en Sicilia.

Así, también, las cosas que son perceptibles y claras a todo el mundo es posible aprenderlas antes de los enemigos que de los amigos y familiares.

8

Pero, fuera de esto, el dominio sobre la lengua no es una parte pequeña de la virtud, pues no es posible tenerla siempre sumisa y obediente a la razón, a no ser que uno someta con ejercicio, cuidado y laboriosidad las peores de sus pasiones, como, por ejemplo, la cólera. Pues la «voz que es expulsada sin querer» y «la palabra que se escapó del cerco de los dientes» y aquello de que «algunas palabras vuelan por sí solas»[42] son cosas que ocurren principalmente a los ánimos no ejercitados, como los que resbalan y se pierden a causa de la debilidad de espíritu por una opinión obstinada, por un temperamento audaz. Y un castigo muy fuerte sigue a una palabra,

---

[42] Expresiones usadas repetidas veces por Homero. Cf., por ejemplo, *Il.* IV 350 y *Od.* I 64.

la cosa más ligera, según el divino Platón[43], de parte de los dioses y de los hombres. Pero el silencio es, en todas partes, algo que no tiene que dar cuenta (no es sólo bueno para la sed, como dice Hipócrates)[44], sino que en los ultrajes es respetable y socrático, más aún, heracleo, si es verdad que Heracles

no hacía más caso a las palabras odiosas que a una
[mosca[45].

Ciertamente, nada hay más digno y más hermoso que mantener la calma ante un enemigo que nos injuria, «como si pasáramos nadando junto a una roca lisa pasaremos junto al aficionado a injuriar»[46], y no existe otro entrenamiento mayor. Pues, si te acostumbras a sufrir en silencio al enemigo que te injuria, soportarás muy fácilmente la cólera de tu mu-

[43] *Leyes* 717c y 935a. Citado, de nuevo, en Plut., *Mor.* 456D y 505C.

[44] Famoso médico griego de Cos (469-399 a. C.), contemporáneo de Sócrates. Cf. *Mor.* 515A.

[45] De autor desconocido.

[46] De autor desconocido.

jer, cuando hable mal de ti, y aguantarás tranquilamente, cuando les escuches, las expresiones más duras del amigo y del hermano; y te presentarás a tu padre y a tu madre sereno y sin ira, cuando seas golpeado o herido por ellos. Pues Sócrates soportaba a Jantipa[47], que era una mujer irascible y difícil, pensando que, si se acostumbraba a soportarla, su trato con los demás sería muy fácil; pero es mejor que, ejercitándose con las indecencias, iras, burlas y ultrajes de los enemigos y extraños, acostumbres tu ánimo a ser paciente y a no indignarse cuando sea injuriado.

9

Por tanto, se ha de mostrar así mansedumbre y paciencia con las enemistades y también generosidad, magnanimidad y honradez, más que con las amistades. Pues hacer bien a un amigo no es tan hermoso como es vergonzoso no hacerlo cuando lo

[47] Mujer de Sócrates. Jen., *Banquete* II 10.

necesita. Es bueno también el desaprovechar tomar venganza del enemigo, cuando se ofrece la oportunidad. Pues un hombre que se compadece del enemigo que sufre una desgracia y que le socorre cuando está necesitado, que muestra diligencia y afecto para con los hijos y los familiares del enemigo cuando se encuentran en alguna necesidad, a este hombre, el que no lo admira por su bondad ni alaba por su honradez, ése

> *tiene su negro corazón forjado*
> *de diamante o de hierro*[48].

A César, cuando mandó levantar de nuevo las estatuas de Pompeyo, que habían sido echadas abajo, Cicerón le dijo: «Restauraste las estatuas de Pompeyo, y las tuyas las consolidaste»[49]. De aquí que no se

---

[48] De un largo fragmento de Píndaro. Cf. Pínd., *Fr.* 123 (ed. de Christ). Citado también en Plut., *Mor.* 558A.

[49] Repetida esta historia en Plut., *Mor.* 205D; *Vida de César* 57 (734E), y *Vida de Cicerón* 40 (881D). Cf. también Suetonio, *César* 75. Cicerón hace en su discurso a favor de Marcelo un elogio a la

deba descuidar la alabanza ni la honra de un enemigo, cuando éste es celebrado justamente. Pues el que alaba se procura las mayores alabanzas e inspira confianza en otras ocasiones cuando acusa, pues no lo hace porque odie al hombre, sino porque rechaza su acción. Pero lo más bello y provechoso es que una persona que se ha acostumbrado a alabar a sus enemigos y a no molestarse ni mirarlos con envidia, si les va bien, está muy lejos de envidiar a los amigos que son felices y a los familiares que tienen éxito. Sin embargo, ¿qué otro entrenamiento podrá proporcionar una mayor utilidad a nuestras almas o una inclinación más poderosa que el que nos quite nuestro celo y envidia?

Pues, igual que muchas cosas, que son necesarias en la guerra, pero en otras circunstancias son malas, cuando adquieren la fuerza de una costumbre y de una ley, no son fáciles de rechazar por las personas aunque sean perjudicadas por ellas, del mis-

generosidad con la que César acogió a este exiliado, uno de los más fervientes seguidores de Pompeyo que no aceptó durante largo tiempo el reconciliarse con el dictador.

mo modo la enemistad, introduciendo, juntamente con el odio, envidia, deja tras de sí celo, gozo por el mal de los otros y venganza. Y, además de estas cosas, también malicia, engaño y maquinación, que parece que no son una cosa mala ni injusta, si se emplean contra un enemigo, pero, si logran arraigo, permanecen sin que uno pueda librarse de ellas. Después, estos mismos hombres por la fuerza de la costumbre las emplean, además, contra sus amigos, si no se cuidan de usarlas contra sus enemigos. Por tanto, si Pitágoras tenía razón cuando, al intentar acostumbrar a los hombres a alejarse de la crueldad y la avaricia en su relación con los animales irracionales, intercedía ante los cazadores de aves y, después de comprar las redes de peces, mandaba soltarlos[50] y prohibía la muerte de cualquier animal doméstico, es cosa mucho más noble en las disputas y rivalidades con los hombres, siendo un enemigo noble, justo y sincero, castigar y humillar las pasiones perversas, viles y malvadas, para que en

---

[50] Cf. Plut., *Mor.* 729E; Porfirio, *Vida de Pitágoras* XXV, y Jámblico, *Vida de Pitágoras* XXXVI.

todos los contratos con sus amigos permanezca firme y se abstenga de hacer mal.

Escauro[51] era enemigo y acusador de Domicio[52]. Antes del juicio llegó hasta él un esclavo de Domicio con la intención de descubrirle algún secreto, mas él no le dejó hablar y agarrando al esclavo lo envió de nuevo a su amo. Y a Catón[53], que perseguía a Murena[54] a causa de su demagogia y andaba recogiendo pruebas, le seguían de cerca, según la costumbre de entonces, los que observaban las cosas que hacía[55].

---

[51] M. Emilio Escauro, *Princeps Senatus*, contemporáneo de Gn. Domicio Ahenobarbo, de los siglos II-I a. C.

[52] Cf. nota 26. Sobre estos hechos, cf. Cic., *Discurso en favor del rey Deiotaro* 11, 31.

[53] M. Porcio Catón, llamado Catón el Uticense o Catón el Joven (95-46 a. C.) y de quien Plutarco escribió una vida.

[54] L. Lucinio Murena, del siglo I a. C. Sirvió bajo Lúculo en la tercera Guerra Mitridática y fue demandado por soborno por S. Sulpicio, a quien apoyaba Catón el Joven. Cicerón hizo una defensa de Murena, en su *Pro Murena*, y fue absuelto.

[55] Explicado con más detalle en Plut., *Vida de Catón el Joven* 21 (769B).

Así pues, muchas veces le preguntaban si hoy iba a reunir pruebas o iba a realizar algo en relación con la acusación. Y, si decía que no, creyéndole, se marchaban. Ciertamente, estas cosas son un testimonio muy grande de su reputación; pero mayor y más hermoso es que nosotros, si nos acostumbramos a emplear la justicia incluso con los enemigos, nunca nos comportaremos injusta y maliciosamente con los familiares y amigos.

10

Y «puesto que les es necesario a todas las totovías[56] que les nazca una cresta», según Simónides[57], y cada naturaleza de hombre produce rivalidad, celo y envidia, «amiga de los hombres vacíos de in-

---

[56] Cogujada, alondra moñuda, copetuda.

[57] Citado, de nuevo, en Plut., *Mor.* 809B, y en la *Vida de Timoleón* 37 (252E), con la misma explicación. Cf. Bergk, *Poet. Lyr. Gr.* III 418; *Simónides*, fr. 68; Diehl, *Anthologia Lyrica* II 62; y Edmonds, *Lyrica Graeca* II 278, con diferentes lecturas de este verso.

teligencia», como dice Píndaro[58], no sacaría poco provecho quien se procurara en la persona de los enemigos purificaciones de estas pasiones y las alejara, como por canales[59], lo más lejos posible de sus compañeros y familiares. También, dándose cuenta de esto[60], según parece, un político de nombre Demo[61], que se hallaba en una revuelta en Quíos del lado de la parte vencedora, aconsejaba a sus compañeros que no expulsaran a todos los adversarios, sino que dejasen a algunos, «para que no empecemos, decía, a tener diferencias con los amigos, al estar privados completamente de enemigos». Sin duda, estas pasiones nuestras consumidas contra los enemigos, menos molestarán a los amigos. Pues no conviene que el ceramista envidie al ceramista, ni el cantor al cantor, según Hesío-

---

[58] *Fr.* 212 (ed. de Christ).

[59] Cf. Jen., *Recuerdos de Sócrates* I 4, 6.

[60] Cf. Plut., *Mor.* 813A, donde se repite esta historia.

[61] En la mayoría de los manuscritos, Onomademo; sin embargo, no existe este nombre a no ser aquí (si se aceptara; en griego se lee *onomadēmos*) y en Plut., *Mor.* 813A.

do⁶², ni sentir celos por el vecino, pariente o hermano «que trabaja por la riqueza» y que consigue la prosperidad en sus negocios.

Pero, si no existe otro modo de liberación de las riñas, envidias y rivalidades, acostúmbrate a sentirte molesto por los enemigos felices, y provoca y evita que tu rivalidad sea afilada en aquéllos. Pues, así como los buenos agricultores piensan que ellos obtendrán mejores rosas y violetas plantando a su lado ajos y cebollas (pues se concentra en éstos todo lo agudo y maloliente que hay en su alimentación), del mismo modo también el enemigo tomando y atrayendo hacia sí tu mal carácter y envidia te hará más agradable y menos penoso para los amigos que viven con prosperidad. Por eso, también se debe tener discusiones con aquéllos en torno a la honra, al mando o a las ganancias justas, no sólo disgustándose, si tienen algo más que nosotros, sino también observando por qué motivos tienen más, e intentando superarles, asimismo, en diligencia, laboriosidad, inteligencia y atención, a la manera de

---

[62] Se trata de una referencia a Hesíodo, *Trabajos y Días* 25-27.

Temístocles[63], que decía que la victoria de Milcíades en Maratón no le dejaba dormir. Pues el que piensa que su enemigo lo aventaja por mera buena suerte en los puestos de honor o en las defensas de otros ante el juez, en los puestos de administración del Estado o entre los amigos y jefes, y, en lugar de hacer algo y emularlo, se sumerge en un estado de envidia y desánimo completos, se da a una envidia ociosa e inútil. En cambio, si uno no está ciego[64] en relación con lo que odia, sino que se convierte en espectador justo de la vida, del carácter, de las palabras y de los hechos de los demás, observará que la mayoría de las cosas que provocan su envidia les sobrevinieron a sus poseedores por su diligencia, previsión y acciones nobles, y, esforzándose por estas cosas, ejercitará su amor a la honra y al honor, y echará fuera su indiferencia y su pereza.

---

[63] Cf. Plut., *Vida de Temístocles* 3 (113B), y *Mor.* 84B y 800B.

[64] Cf. nota 40.

11

Pero si parece que los enemigos, halagando o siendo malvados o corrompiendo o trabajando a sueldo, consiguen de manera vergonzosa y grosera poderes en los palacios o en los Estados, esto no nos molestará, sino, más bien, nos alegrará si le oponemos nuestra propia libertad y nuestra limpia e irreprochable forma de vida, pues «todo el oro que hay sobre la tierra y bajo la tierra no se puede comparar con la virtud», según Platón[65], y conviene tener siempre presente el dicho de Solón:

Pero nosotros no cambiaremos con ellos
la virtud por la riqueza[66]

ni por los gritos de los espectadores de teatro, comprados a base de banquetes, ni por honores y presidencias junto a los eunucos, a las concubinas y sá-

---

[65] *Leyes* 728a. Citado también en Plut., *Mor.* 1124E.

[66] *Fr.* 15, citado de forma más completa en Plut., *Mor.* 78C, y como aquí en *Mor.* 472E.

trapas de los reyes; pues nada que tenga su origen en el vicio es digno de emulación ni bello. Pero, puesto que el amante se ciega ante el amado, como dice Platón[67], y los enemigos, al obrar torpemente, atraen más nuestra atención, no conviene que nuestra alegría por los errores que cometen ni nuestra tristeza por sus éxitos sea algo inútil, sino que nos preocupemos de que, por medio de ambos, errores y éxitos, guardándonos de unos, seamos mejores que ellos e, imitando los otros, no seamos peores.

---

[67] Una reminiscencia de Platón, *Leyes* 731e. Cf. también nota 40.

Cómo distinguir a un adulador de un amigo

1

Platón[1] dice, querido Antíoco Filópapo, que todos perdonan al que declara amarse mucho a sí mismo, pero que esto produce, junto con otros muchos males, el mayor mal de todos, por el cual no es posible ser juez justo e imparcial de sí mismo. «En efecto, el amor se ciega ante lo amado»[2], a menos que uno se acostumbre por el estudio a amar las cosas hermosas más que las innatas y familiares. Esto proporciona al adulador un gran espacio abierto en medio de la amistad, al tener como una útil base de operaciones contra nosotros nuestro amor por nosotros mismos, por el que, siendo cada uno mismo el principal y más grande

---

[1] *Leyes* 731d-e.

[2] *Ibidem*. También citado en *Moralia* 90A, 92E y 1000A.

adulador de sí mismo, admite sin dificultad al de fuera como testigo, juntamente con él, y como autoridad aliada garante de las cosas que piensa y desea[3]. Pues el que es censurado como amante de aduladores es muy amante de sí mismo, ya que, a causa de su benevolencia, desea y cree tener él todas las cualidades, deseo este que, en cierto modo, no es absurdo, pero cuya creencia es peligrosa y necesita mucha precaución. Pero si, en realidad, la verdad es algo divino y principio, según Platón, «de todos los bienes para los dioses y de todos los bienes para los hombres»[4], el adulador corre el peligro de ser un enemigo para los dioses y, particularmente, del dios Pitio, por cuanto siempre contradice la máxima «conócete a ti mismo»[5], creando en cada uno el engaño hacia sí mismo y la propia ignorancia y la de todos los bienes y males que le atañen con relación a sí mismo, al hacer a

---

[3] Cf. Aristóteles, *Retórica* 1371b21.

[4] *Leyes* 730c.

[5] Esta máxima habría sido pronunciada por Apolo Pitio y, posteriormente, escrita en las puertas de su templo en Delfos.

los unos incompletos e imperfectos y a los otros imposibles de corregir.

2

En efecto, si como a la mayor parte de los otros males, el adulador atacara sólo o principalmente a los innobles y vulgares, no sería tan terrible de evitar. Pero, al igual que la carcoma penetra, sobre todo, en los tipos de madera blanda y dulce, así los caracteres ambiciosos, virtuosos y honrados reciben y alimentan al adulador, que se agarra fuertemente a ellos, y, además, así como Simónides dice que «la cría de caballos no es compañera de Zacinto, sino de campos fértiles»[6], así, si observamos que la adulación no acompaña a las personas pobres, anónimas y débiles, sino que es traspié e infortunio de grandes casas y grandes asuntos y, con frecuencia, destruye también soberanías y principados, no es una obra

---

[6] Bergk, *Poet. Lyr. Gr.* III 393. Zacinto, isla en la costa occidental de Grecia; la moderna Zante.

pequeña ni que requiera poca previsión la consideración sobre ella, de modo que, estando completamente detectada, no dañe ni pueda desacreditar la amistad. En efecto, los piojos se marchan de las personas muertas y abandonan sus cuerpos, al perder su vitalidad la sangre de la que se alimentan; y, así, es completamente imposible ver a los aduladores aproximándose a asuntos enjutos o fríos, pero se acercan y medran junto a las honras y los poderes, y en los cambios desaparecen con rapidez.

Mas no conviene esperar a la experiencia, cuando ya no es provechosa, pues es más funesta y no evita los peligros. Porque es penosa la experiencia de amigos que no son amigos en el momento en que uno los necesita, cuando no es posible el cambio de uno bueno y sincero por otro infiel y falso. Pero, como a una moneda, es preciso poner a prueba al amigo antes de la necesidad, para que no sea puesto a prueba por la necesidad. Así pues, no conviene que nos demos cuenta después de ser perjudicados, sino que, para no ser perjudicados, es preciso adquirir experiencia y conocimiento del adulador. Y, si no, nos pasará lo mismo que a los que intentan conocer los venenos mortales probándolos antes: que se matan y destruyen a sí mismos en la prueba.

No alabamos, por tanto, a éstos, ni tampoco a aquellos que, poniendo la amistad en el bien y el provecho, creen que los que se comportan con agrado al punto son aduladores cogidos en flagrante delito. Pues el amigo no es desagradable ni violento, ni la amistad es dignidad con aspereza y severidad, sino que el bien y la dignidad de ella son, precisamente, algo agradable y deseable:

Junto a ella las Gracias y el Deseo han establecido su
[morada[7],

y no sólo para quien es desgraciado

es dulce mirar a los ojos de un hombre amable[8],

según Eurípides, sino que, aportando placer y agra-

[7] Adaptación de Hesíodo, *Teogonía* 64.
[8] *Ión* 732. Cf. Plutarco, *Moralia* 69A.

do, contribuye no menos a nuestro bienestar que llevándose las penas y dificultades de nuestros males. E, igual que Eveno[9] dijo que el fuego es el mejor de los condimentos, así la divinidad, mezclando a nuestra vida la amistad, hace todo agradable, dulce y querido, cuando ella está presente y participa de nuestra alegría. Pues ¿cómo el adulador podría insinuarse con los placeres, si viera que la amistad en modo alguno acepta lo agradable? No se puede explicar. Pero, así como el oro falso e ilegítimo imita solamente el brillo y el lustre del oro, del mismo modo el adulador parece que, imitando lo simpático y agradable del amigo, se presenta siempre alegre y dispuesto y sin oponerse ni resistirse a nada. Ahora bien, no por ello se debe juzgar, enseguida, a los que alaban como a simples aduladores. Pues la alabanza, en su tiempo oportuno, no es menos apropiada a la amistad que el reproche, y, más aún, la queja generalmente y el reproche son desagradables e insociables,

---

[9] Poeta elegíaco de la isla de Paros, del que Estobeo nos ha conservado algunos fragmentos; o un filósofo del mismo nombre. Citado de nuevo en Plut., *Mor.* 126D, 697A, y 1010C.

mientras que se acepta la alabanza por los buenos actos, cuando es producto del afecto, sin envidia y con buena disposición, y se aceptan, a su vez, sin pesadumbre y sin pena la amonestación y la franqueza, porque se piensa y se acoge con cariño que el que alaba con gusto hace reproches por necesidad.

3

«En verdad, alguien podría decir, es difícil distinguir al adulador del amigo, si es que no se diferencian ni por el placer ni por la alabanza. En efecto, es posible observar muchas veces, en la ayuda y en los servicios, que la amistad es aventajada por la adulación.» ¿Cómo no ha de ser así, diremos nosotros, si buscamos al verdadero adulador que se dedica a su trabajo con habilidad y arte, pero no pensamos, como hace la mayoría, que son aduladores aquellos que son llamados «transportadores de sus jarras de aceite»[10], «cambistas» y «a los que se les oye

---

[10] Hombres demasiado pobres para tener un criado que les lle-

después de que el agua está sobre las manos»[11], como dijo alguien, cuya grosería con chocarrería y desvergüenza es manifiesta con un solo plato y con una sola copa de vino? Pues, realmente, no era necesario contradecir a Melantio, el parásito de Alejandro de Feras, el cual, a los que le preguntaban cómo fue muerto Alejandro, contestaba: «a través del costado hasta mi estómago», ni a los que se mueven alrededor de una mesa bien abastecida, a los que «ni el fuego, ni el acero, ni el bronce pueden impedir acercarse a la comida»[12], ni a las aduladoras de Chipre, a las que, después que pasaron a Siria, se las llamó «escaleras», porque se ofrecían a las mujeres de los reyes, poniéndose debajo, para que a través de ellas subieran a sus carruajes[13].

ve su jarra de aceite al baño. Cf. Demóstenes, LIV *(Contra Conón)* 16.

[11] Lavado ceremonial de las manos antes de las comidas. Alejandro de Feras, citado un poco más abajo, fue rey de Tesalia del año 389 al 358, año este en que fue asesinado.

[12] De los *Aduladores* de Éupolis, según Plut., *Mor.* 778E. Cf. Kock, *Com. Att. Frag.* I 303.

[13] Cf. Ateneo, VI, 256D.

4

Entonces, ¿contra quién es necesario defenderse? Contra el que no lo parece y niega que es adulador, a quien no es fácil coger alrededor del asador ni es cogido «midiendo la sombra para saber la hora de la comida», ni, borracho, se queda en el suelo como se cayó, sino que la mayoría de las veces está sobrio y ocupado, piensa que debe meter las manos en los asuntos, quiere participar de las conversaciones secretas y, en general, es un trágico actor de la amistad, no un satírico ni un cómico. Pues, como dice Platón[14]: «el colmo de la injusticia es parecer justo sin serlo», y que se ha de considerar molesta la adulación que se oculta y no la que se manifiesta; no la que bromea, sino la que habla en serio. En efecto, ésta invade de desconfianza la verdadera amistad, pues muchas veces coincide con ella, si no le prestamos atención. Es el caso de Gobrias, que, habiendo irrumpido en una habitación obscura con un mago que huía, tras haberle cogido

---

[14] *República* 361a.

fuerte con sus brazos ordenó a Darío, que se había colocado a un lado y dudaba, que hundiese la espada a través de los dos[15]. Y nosotros, si no alabamos de ninguna de las maneras el dicho: «muera el amigo con el enemigo»[16], procurando alejar al adulador que por muchas similitudes se confunde con un amigo, debemos muy bien temer no vayamos a arrojar, de alguna manera, lo bueno con lo malo, o, por ser moderados con lo que es propio, caigamos en lo que es dañoso.

Pues bien, yo creo que, así como es difícil la limpieza de las semillas silvestres, que, por tener un aspecto y tamaño semejantes, se mezclan con el trigo (pues, o no caen a través de los agujeros más pequeños, o caen juntamente por los abiertos), del mismo modo la adulación que se mezcla a sí misma con cualquier emoción y cualquier movimiento, necesidad y costumbre es difícil de distinguir de la amistad.

---

[15] Heródoto, III 78.

[16] Nauck, *Trag. Graec. Frag., Adesp.*, n.º 362.

5

Sin embargo, debido a que la amistad es la cosa más agradable de todas y ninguna otra alegra más, por esto también el adulador atrae hacia sí con placeres y está en relación con los placeres. Y porque el favor y la utilidad acompañan a la amistad (según lo cual, también se ha dicho que un amigo es más necesario que el fuego y el agua), de ahí que el adulador, aplicándose en todos los servicios, se esfuerza en aparecer siempre servicial, diligente y animoso. Y, puesto que lo que, sobre todo, mantiene el principio de la amistad es la semejanza de ocupaciones y costumbres, y, en general, el alegrarse con las mismas cosas y evitar las mismas cosas acerca a las personas en primer lugar y las une a través de los mismos sentimientos, después de observar esto, el adulador se ordena y se arregla como si fuera un trozo de madera, tratando de adaptarse y amoldarse a aquellos a los que ataca por medio de la imitación, porque es tan flexible para imitar y tan convincente en sus copias, que se puede decir:

No eres el hijo de Aquiles, sino que tú eres aquél en
[persona[17].

Pero de todas sus cosas la más hábil es que, dándose cuenta de que la franqueza se dice y se piensa que es el lenguaje propio de la amistad, así como cada ser vivo tiene su propia voz, y que, en cambio, la falta de franqueza es enemiga e innoble, ni siquiera a ésta deja sin imitar, sino que, igual que los cocineros hábiles usan jugos amargos y especias fuertes para quitarle a las cosas dulces lo que empalaga, así los aduladores aplican una franqueza falsa e inútil, y que actúa como si fuera un parpadeo, un cosquilleo y nada más. Por esta razón, pues, este hombre es difícil de descubrir, como a aquellos animales que son capaces de acomodar su color a los arbustos y a los lugares que hay junto a ellos. Y, puesto que aquél engaña y se oculta en las semejanzas, nuestro trabajo es descubrirlo y desnudarlo con las diferencias, pues «está adornado con colores y for-

---

[17] *Ibid.*, n.º 363; citado también en Plut., *Vida de Alcibíades* 23 (203C).

mas extrañas», como dice Platón, «a falta de las propias»[18].

6

Por tanto, seguidamente, vamos a examinar el asunto desde el principio. Ya dijimos que el origen de la amistad, para la mayoría, son la disposición y la naturaleza, que acogen con agrado las mismas costumbres y caracteres y se alegran con las mismas prácticas, actividades y ocupaciones, sobre lo cual también se han dicho estas cosas:

El anciano tiene para el anciano el habla más dulce,
el niño para el niño, la mujer es conveniente para la
                                              [mujer,
y el hombre enfermo para el enfermo, y el cogido en
                                              [desgracia
es una ayuda para el que va a caer en ella[19].

---

[18] *Fedro* 239d.

[19] Cf. Nauck, *Trag. Graec. Frag., Adesp.*, n.º 364, y Kock, *Com. Att. Frag.*, III 606.

Por su parte, el adulador, sabiendo que, cuando la gente se alegra con cosas semejantes, es natural que también las use y las quiera, en primer lugar intenta, de este modo, acercarse a cada uno y permanecer junto a él, acercándose poco a poco y comunicándose estrechamente con él, como si fuera un animal en el pasto[20], con las mismas actividades y ocupaciones en las mismas cosas, trabajos y géneros de vida, hasta que le da una oportunidad y llega a estar acostumbrado y a ser dócil al que lo toca, reprobando las acciones, géneros de vida y personas con los que comprende que aquél se disgusta, pero las cosas que le agradan las alaba no con moderación, sino que las exagera mostrando estupor y admiración, asegurando que lo que ama y odia surge más del juicio que de la emoción.

7

Entonces ¿cómo se pone en evidencia y por qué

[20] Cf. Platón, *Rep.* 493a.

diferencias se descubre que no es igual a nosotros y que no llegará a serlo, sino que imita sólo el parecido? Ante todo, es necesario ver la uniformidad y continuidad de su manera de pensar; si se alegra con las mismas cosas siempre y alaba las mismas cosas, y si dirige y ordena su propia vida hacia un único modelo, como conviene a un hombre libre, amante de una amistad y trato del mismo carácter. Así, en efecto, es el amigo. Pero el adulador, por no tener una sola morada de su carácter, ni vivir una vida elegida para él mismo, sino para otros, y modelándose y adaptándose para otro, no es ni simple ni uno, sino variado y complicado, por correr y cambiar de forma como el agua, vertida de uno a otro contenido, según sean los que lo reciben. A diferencia del búho orejudo, que, según parece, es cazado cuando intenta imitar al hombre moviéndose y danzando, el adulador seduce y embauca, imitando no a todos de la misma manera, sino a uno danzando y cantando con él, a otro peleando y rodando en el polvo con él. Y, si se apodera de uno aficionado al monte y a la caza, le sigue gritando casi las palabras de Fedra:

¡Por los dioses!, me gusta gritar a los perros, mientras
[persigo a los moteados ciervos[21],

y no pone atención alguna en el animal, sino que intenta enredar y cazar al cazador mismo. Pero, si persigue a un joven erudito y estudioso, entonces se pone sobre los libros y su barba le crece hasta los pies, y la cosa es llevar un manto raído y la indiferencia y hablar sin cesar de los números y los triángulos rectángulos de Platón. Mas, si en otra ocasión topa con un disoluto amigo de la bebida y rico,

entonces se despojó de sus andrajos el sagaz Odiseo[22],

el manto raído es arrojado, se afeita la barba, como una cosecha sin frutos; ahora sólo cuentan los recipientes para refrescar el vino y las tazas, las risas en los paseos y las burlas contra los filósofos. Como se dice que sucedió en Siracusa después de que llegó

---

[21] Eurípides, *Hipólito* 219-220.

[22] Homero, *Odisea* XXII 1.

Platón, y una loca afición por la filosofía se apoderó de Dionisio: los palacios se llenaron de polvo a causa de la multitud de geómetras. Pero, cuando Platón fracasó y Dionisio, abandonando la filosofía, volvió precipitadamente a la bebida y a las mujeres, a hablar neciamente y a vivir con desenfreno, la falta de interés y el olvido de las letras y la estupidez se apoderaron, al unísono, de todos, como si hubiesen sufrido una transformación en los palacios de Circe[23].

También son testigos las obras de los grandes adIladores, de los demagogos, el mayor de los cuales fue Alcibíades[24], porque en Atenas bromeaba y se dedicaba a la cría de caballos y vivía con galantería y elegancia; y, en Lacedemonia, se cortaba el pelo al rape, llevaba un manto raído y se bañaba en agua fría; y, en Tracia, luchaba y bebía; pero, cuan-

---

[23] Maga de la isla Eea, hija del Sol y hermana de Eetes y de Pasífae, que transforma, en *Od.* X 135 ss., en animales a algunos compañeros de Odiseo.

[24] Político y general ateniense, discípulo de Sócrates. Cf. Plut., *Vida de Alcibíades* 23 (203C).

do llegó junto a Tisafernes[25], se entregó al libertinaje, al lujo y a la charlatanería, hacía demagogia y conseguía favores, comportándose y viviendo igual que todos. Sin embargo, ni Epaminondas[26], ni Agesilao[27] fueron así, sino que, aunque tuvieron trato con muchos hombres, ciudades y formas de vida, conservaron en todos los lugares el carácter apropiado a ellos con su vestido, su género de vida, su lenguaje y su vida. Así, también, Platón fue en Siracusa como era en la Academia y con Dionisio como fue con Dión[28].

---

[25] Sátrapa persa en Sardes y Caranos, que hizo un tratado con Esparta contra Atenas.

[26] Con Pelópidas, general en jefe de los tebanos, cuando los espartanos fueron arrojados de Tebas el año 379 a. C.

[27] Rey espartano (401-361 a. C.).

[28] Cuñado de Dionisio, mencionado también aquí, tirano de Siracusa, enamorado de la filosofía, sobre todo de la de Platón.

8

Los cambios de un adulador, como los de un pulpo, los podría descubrir uno, si se percata de que, muchas veces, él mismo cambia y desaprueba la vida que antes alababa, y es atraído de repente hacia acciones, conductas y palabras con las que se disgustaba, como si le agradaran. Así pues, se verá que él no es, en modo alguno, seguro, ni personal, y que ni ama, ni odia, ni se alegra, ni se entristece con sus propias emociones, sino que, como un espejo, recibe las imágenes de las emociones, vidas y movimientos ajenos. Es, por tanto, como aquella clase de hombres que, si vituperas a uno de sus amigos delante de él, dirá: «tardíamente has descubierto al hombre; pues a mí hace ya tiempo que no me gustaba»; pero, si en otra ocasión, cambiando de opinión lo alabas, ¡por Zeus!, dirá que se alegra de ello y que te lo agradece en nombre del mismo y que confía en él; mas si dices que tienes que tomar otro género de vida, por ejemplo, cambiando de la actividad política al retraimiento y a la tranquilidad, dirá: «hace tiempo, en verdad, que nos hubiera convenido habernos apartado de los tumultos y envidia»; y, de nuevo, si parece que te lanzas a la vida activa y a la oratoria, dará voces diciendo: «piensas cosas dignas de ti, la inactividad ciertamente es algo agradable, pero obscura y vulgar». Entonces es necesario decir, enseguida, a tal persona:

Extranjero, me pareces ahora distinto del que eras antes[29],

no necesito un amigo que se cambie y asienta conmigo (pues mi sombra hace mejor esas cosas), sino que diga la verdad conmigo y que me ayude a decidir.

9

En verdad, éste es un método para descubrir al adulador, pero conviene observar en las semejanzas otra diferencia como ésta: el verdadero amigo no es

---

[29] Hom., *Od.* XVI 181.

un imitador de todo ni está dispuesto a alabarlo todo, sino sólo lo mejor,

Pues no nació para odiar sino para amar[30],

según Sófocles, y, ¡por Zeus!, para ayudar a arreglar las cosas y para unirse en el amor a la belleza, no para cometer errores juntos ni para ser cómplices de crímenes, a no ser que, por trato y estrecha relación, un flujo e infección, como la de una inflamación de ojos, lo contagie, contra su voluntad, de ignorancia o error[31]. De una manera parecida se dice que sus amigos imitaban la joroba de Platón, el balbuceo de Aristóteles, y la inclinación del cuello y la dureza de la voz en la conversación del rey Alejandro.

En efecto, algunos, sin darse cuenta, toman muchas cosas de las costumbres y de las vidas de otros. Pero al adulador, sencillamente, le pasa lo que al

---

[30] Adaptado de Sófocles, *Antígona* 523.

[31] Se pensaba que la gente que tenía los ojos malos podía contagiar a otras personas con sólo mirarlas.

camaleón. Pues éste imita, en su aspecto, toda clase de colores excepto el blanco, y el adulador, al ser completamente incapaz de hacerse semejante en las cosas dignas de esfuerzo, no deja sin imitar las vergonzosas, y así como los malos pintores que, al no poder alcanzar la belleza por su incapacidad, pintan las semejanzas en arrugas, manchas y cicatrices, del mismo modo aquél se convierte en un imitador del libertinaje, de la superstición, de la ira apasionada, de la aspereza contra los criados, de la desconfianza con los domésticos y parientes. Pues, por naturaleza, es por sí mismo propenso al mal, y parece estar muy lejos de censurar lo vergonzoso, cuando él lo imita.

Son, asimismo, sospechosos aquellos que buscan lo mejor, y parecen disgustarse y estar enfadados con los errores de sus amigos. Lo cual, efectivamente, indispuso y perdió a Dión con Dionisio, a Samio con Filipo y a Cleómenes con Ptolomeo[32]. Mas el

---

[32] Se trata de Dión y Dionisio de Siracusa, del siglo IV a. C., citados otras veces por Plutarco; de Filipo V de Macedonia y del poeta lírico y epigramático Samio, al que Filipo mandó matar

adulador, deseando igualmente ser y parecer, a la vez, agradable y leal, finge alegrarse más con las cosas peores, como uno que, por querer demasiado, no rechaza lo malo, sino que simpatiza con todo y participa del mismo natural. Por lo cual, los aduladores no se niegan a participar en las cosas que suceden sin nosotros quererlas y que dependen de la suerte, sino que pretenden padecer las mismas enfermedades, para adular a los enfermos, y no ver ni oír bien, si tienen trato con ciegos o con sordos, como los aduladores de Dionisio, cuando estaba perdiendo la vista, que tropezaban unos con otros y tiraban los platos en el banquete.

También algunos, tocando los sufrimientos, se introducen en lo más íntimo y mezclan la semejanza de sus sufrimientos hasta en las cosas más secretas. En efecto, si sabe que uno es desgraciado en su matrimonio o que sospecha de sus hijos, o de sus criados, ellos no se preocupan de sí mismos

---

después de haber sido su protector, y de Cleómenes III, rey de Esparta (240-222 a. C.), del que Plutarco escribió también la vida, y Ptolomeo Filopátor, rey de Egipto del 221 al 205 a. C.

y se lamentan de sus propios hijos o de su mujer o de sus parientes o de sus criados, divulgando algunas culpas secretas. Pues la semejanza les hace sentir más intensamente el sufrimiento común, y, como si hubieran recibido más garantías, confían más alguno de sus secretos y, confiados, los utilizan y temen perder su confianza. Yo conozco a un hombre que se separó también de su mujer, porque su amigo había abandonado a la suya, pero fue sorprendido mientras la visitaba en secreto y le enviaba mensajes, y lo descubrió la mujer de su amigo. Del mismo modo, no sabía lo que era un adulador aquel que pensaba que estos versos yámbicos convenían más a un adulador que a un cangrejo:

Todo su cuerpo es vientre, ojo que mira por todas partes, una bestia que camina sobre sus dientes[33];

pues tal descripción es la de un parásito, uno

---

[33] Bergk, *Poet. Lyr. Gr.* III 669.

> *de los amigos alrededor de la sartén y de los amigos en el*
> *[almuerzo*[34]*,*

como dice Éupolis[35].

10

Dejemos, sin embargo, estas cosas para el lugar apropiado de nuestro discurso. Mas no queremos pasar por alto la astucia del adulador en sus imitaciones, pues, si imita alguna de las cosas buenas del adulado, le reserva la mejor parte. Porque, para amigos de verdad, no existe emulación entre ellos, ni envidia, sino que, si participan igual o menos del éxito, lo sufren sin molestia y con moderación. Pero el adulador, recordando siempre que tiene que jugar un papel secundario, cede en la igualdad de

---

[34] Kock, *Com. Att. Frag.* I 349.

[35] Junto a Cratino y Aristófanes, el poeta más importante de la Comedia Antigua en Grecia (siglo V a. C.). Sólo conservamos algunos fragmentos de sus obras.

la imitación, admitiendo que ha sido vencido en todo y que no ha estado a su altura, excepto en lo malo. Por el contrario, en las cosas malas no cede la primacía, sino que dice, si aquél es un hombre difícil, que él es colérico; si aquél es supersticioso, que él es un poseso; si aquél ama, que él está locamente enamorado. «Te reías inoportunamente», dice, «pero yo iba a morirme de risa». Pero en las cosas buenas ocurre exactamente lo contrario. Él dice que corre con rapidez, pero que aquél vuela; que monta bien a caballo, «mas ¿qué es esto comparado con este centauro?». Yo soy por naturaleza un poeta y escribo un verso que no es malo del todo:

pero tronar no es lo mío, sino propio de Zeus[36],

pues con ello piensa demostrar, al imitarlo, que la elección es buena y su fuerza, al ser derrotado, inalcanzable. Por tanto, en las semejanzas existen algunas como estas que diferencian al adulador del amigo.

[36] Autor desconocido; cf. Bergk, *Poet. Lyr. Gr.* III 736.

11

Porque, como se ha dicho, también el elemento del placer es común (pues el bueno no se alegra menos con los amigos que el malo con los aduladores), vamos a distinguir esto. La distinción es la referencia del placer a su fin. Míralo así: hay en un perfume un olor agradable y lo hay en una medicina, pero se diferencian en que aquél ha sido creado para el placer y no para otra cosa, pero en ésta el purgativo o el estimulante o el que puede cicatrizar son olorosos por azar. Asimismo, los pintores mezclan los colores brillantes y pigmentos, y hay también algunos medicamentos curativos que son brillantes en apariencia y tienen un olor no desagradable. Entonces ¿en qué está la diferencia? Verdaderamente está claro que los distinguimos por la finalidad de su uso. Así, de forma semejante, las gracias de los amigos en algo bueno y provechoso poseen un encanto como en flor, y hay momentos en que los amigos usan entre ellos de la broma, del banquete, del vino y, sí, ¡por Zeus!, de la risa y de la bufonada, como de especias de las cosas buenas y serias. En relación con esto, también se ha dicho ya el verso:

Se divertían con la conversación, hablando unos con otros[37],

y este otro:

Y ninguna otra cosa nos hubiera podido separar a
*　　　　　　　　　　　　　　　　[nosotros dos,*
que nos queríamos como amigos y nos divertíamos[38].

El oficio y la meta final del adulador es esto: hacer elegante y sazonar una broma, una acción o un discurso con el placer y para el placer. Para decirlo brevemente, el uno, el adulador, para ser agradable cree que debe hacerlo todo; el otro, el amigo, haciendo siempre las cosas que debe, muchas veces es agradable, otras muchas desagradable, no porque lo prefiera, sino que, si eso fuera mejor, ni siquiera lo evitaría. Pues, igual que el médico, si conviene,

[37] Hom., *Il.* XI 643.
[38] Hom., *Od.* IV 178.

administra azafrán y ungüento de nardo y, sí, ¡por
Zeus!, muchas veces lava bondadosamente y alimenta generosamente, hay casos en los que, dejando estas cosas, proporciona un castorio[39]

o polio[40], de olor pesado, que huele, en verdad, de manera
[terrible[41],

u obliga a beber eléboro[42] después de triturarlo, no
persiguiendo en este caso lo desagradable ni en el

[39] Substancia crasa de olor desagradable, segregada por las glándulas anales del castor y que se emplea en medicina como antiespasmódico.

[40] Zamarrilla, planta aromática que se empleaba para preparar la triaca, medicamento compuesto de muchos ingredientes, que fue empleado contra las mordeduras de animales venenosos. Sobre el polio, cf. Plinio, *Historia natural* XXI 7 (21), 44, y XXI 20 (84), 145.

[41] Nicandro, *Thēriacá* 64.

[42] Género de planta de la familia de las ranunculáceas, propia de parajes montañosos, que, en su variedad negra, posee una raíz purgante y diurética.

otro lo agradable, sino llevar a su paciente a través de ambos medios a un estado que le conviene; así, el amigo hay veces que, celebrando y alegrando con alabanzas y gracias, lleva hacia el bien, como éste:

Teucro Telamonio, querido amigo, príncipe de pueblos, dispara así[43],

y

¿cómo podría yo después olvidar al divino Odiseo?[44]

Otras veces, cuando es necesario el ataque, con lenguaje mordaz y con la franqueza de un guardián dirigiéndose a él:

Has perdido el seso, divino Menelao, y no tenías necesidad de esta insensatez[45].

---

[43] Hom., *Il.* VIII 281-282.
[44] Hom., *Il.* X 243, y *Od.* I 65.
[45] Hom., *Il.* VII 109.

Hay veces en que une la acción a la palabra, como Menedemo[46] corrigió al hijo de su amigo Asclepíades[47], que era lujurioso y desordenado, apartándolo de su casa y no dirigiéndole la palabra, y Arcesilao[48] que prohibió a Batón[49] la entrada en su escuela, porque escribió un verso contra Cleantes[50] en una comedia, y se reconcilió con él después de que aquél aplacó a Cleantes y cambió de opinión. En verdad, conviene que el amigo cause tristeza, si con ello es útil, pero no conviene destruir la amis-

---

[46] Filósofo griego, discípulo de Sócrates y fundador de la llamada escuela de Eritrea en la isla de Eubea. Cf. Diógenes Laercio, II 17, 125 ss.

[47] Amigo de Menedemo que, después de ser seguidor de la Academia, se unió más tarde, junto con Menedemo, a Estilpón, de la escuela de Mégara. Cf. Dióg. Laer., II 11, 113-120.

[48] Arcesilao de Pitana, fundador de la Academia Media. Cf. Dióg. Laer., IV 6.

[49] Poeta de la Comedia Media de mediados del siglo III a. C. Cf. Nauck, *Com. Att. Frag.* III 326 ss.

[50] De Aso, estoico y discípulo de Zenón de Citio. Cf. Dióg. Laer., VII 5. Es famoso su himno a Zeus.

tad causando tristeza, sino usar esto como se usa un medicamento molesto, que salva y defiende al paciente. Por lo cual, como el músico, el amigo con el cambio hacia el bien y la utilidad, unas veces tensando las cuerdas y otras aflojándolas, muchas veces es agradable, pero siempre es útil; el adulador, en cambio, acostumbra tocar como acompañamiento lo agradable y lo que es gracioso en una sola escala, y no conoce ni acciones que contradigan ni palabras que entristezcan, sino que sigue sólo lo que quiere otro, cantando siempre y sonando de acuerdo con él. En efecto, como dice Jenofonte[51] de Agesilao, que de buena gana se dejaba alabar por aquellos que también estaban dispuestos a vituperarlo, así es preciso tener por amigo lo que alegra y agrada, aunque pueda entristecer y oponerse alguna vez, pero sospechar de la compañía constante en los placeres y favores, siempre solícito y sin asperezas, y, ciertamente, ¡por Zeus!, tener presente el dicho de aquel lacedemonio[52] que, al ser ala-

---

[51] *Agesilao* 11, 5.

[52] Arquidamias, según Plut., *Mor.* 218B.

bado el rey Carilo, dijo: «¿Cómo puede ser un hombre bueno, el que ni siquiera es severo con los malos?».

12

Se dice que a los toros se les pega el tábano junto a las orejas y a los perros la garrapata. El adulador, ocupando las orejas de los ambiciosos y agarrándose a ellas con alabanzas, es difícil de quitar. Por lo cual, conviene tener entonces el juicio especialmente rápido y vigilante para saber si la alabanza es de la acción o del hombre. Es de la acción, si alaban más a los ausentes que a los presentes; si nos alaban ellos mismos porque desean y buscan también las mismas cosas; si no a nosotros solos, sino a todos, alaban en cosas parecidas; si nos alaban sin hacer y decir ahora estas cosas y luego las contrarias; y lo que es más grande, si nosotros mismos nos convencemos de que no nos vamos a arrepentir ni avergonzar de las cosas por las que somos alabados, y que no preferiríamos haber hecho o haber dicho nosotros las cosas contrarias a éstas. Pues el juicio de dentro de casa, que testifica en contra y no acepta la alabanza, es desapasionado y no se deja comprar por el adulador, pero, no sé cómo, la mayoría en las adversidades no soporta los encomios, sino que se deja llevar por los que lloran y se lamentan con ellos, y cuando yerra y comete algún delito, el que con contradicción y censura le produce dolor y arrepentimiento le parece enemigo y acusador, pero al que alaba y bendice sus acciones lo abraza y piensa que es benévolo y amigo. Y, en verdad, cuantos alaban o aplauden fácilmente un hecho, una palabra o alguna otra cosa de uno que las hizo en serio o bromeando, éstos son sólo perjudiciales para el momento presente y para las cosas que están a mano, pero cuantos con loores penetran en nuestro carácter y tocan, sí, ¡por Zeus!, con la adulación nuestra manera de ser hacen lo mismo que aquellos criados que roban no del montón sino de la simiente; ya que, al ser la disposición y el carácter la simiente de los hechos, destruyen el principio y la fuente de la vida, aplicando los nombres de la virtud a la maldad.

En efecto, en las luchas civiles y en las guerras, Tucídides[53] dice que «cambian según el propio juicio la significación acostumbrada de las palabras para justificar los hechos. Así pues, la audacia irracional es considerada valor amigo de camaradas; la tardanza prudente, noble cobardía; la moderación, pretexto de cobardía; la prudencia para todo, pereza en todo». En las adulaciones es preciso observar y vigilar rigurosamente que la prodigalidad es llamada liberalidad, y el miedo, seguridad; la energía furiosa, agudeza; la cicatería, moderación; el inclinado al amor, amante de sus compañeros y amante tierno; valiente, el irascible y orgulloso, y filántropo, el ruin y miserable. Como dice Platón[54] del amante, que, al ser un adulador de los amados, al chato lo llama atractivo, al de nariz aguileña regio, a los negros viriles, a los blancos hijos de los dioses; y en general, el color de la miel es una ilusión del amante que atenúa y hace más fácil de soportar la palidez[55];

---

[53] III 82.

[54] *Rep.* 474d.

[55] Del amado.

sin embargo, si el feo es convencido de ser hermoso o grande el pequeño, no dura mucho tiempo en el engaño y sufre un daño ligero y no irreparable.

La alabanza que acostumbra usar los vicios como virtudes, de modo que ya no te disgustan sino que te alegran, y a suprimir la vergüenza por los yerros cometidos, esta alabanza destruyó a los siciliotas, al llamar a la crueldad de Dionisio y Fálaris[56] aborrecimiento de maldad y justicia; ésta es la que arruinó a Egipto, al llamar piedad y culto a los dioses el afeminamiento de Ptolomeo[57], su superstición, sus gritos de bacante, sus danzas corales y sus tambores; esta alabanza destruyó y tornó en nada las buenas costumbres de los romanos, al llamar cariñosamente al libertinaje, al desenfreno y a las os-

---

[56] Se trata de Dionisio de Siracusa y de Fálaris, tirano de Acragante (Agrigento) de Sicilia, en el siglo IV a. C., y famoso por su crueldad, ya que encerraba a sus enemigos en un toro de bronce ardiendo para quemarlos y para que sus gritos imitaran los bramidos del animal (cf. Píndaro, *Pítica* I 167 ss.).

[57] Ptolomeo Filopátor (221-205 a. C.); cf. Polibio, V 34.

tentaciones públicas de Antonio[58], alegres y humanitarios juegos, porque su poder y su suerte eran utilizados al mismo tiempo generosamente. ¿Qué otra cosa hizo que Ptolomeo[59] se colgase la *forbeiá*[60] y las flautas, y acercó a Nerón a la escena trágica y le colocó la máscara y el coturno? ¿No fue la alabanza de los aduladores? ¿La mayoría de los reyes no reciben el nombre de Apolo, si trinan; de Dioniso, si se emborrachan; de Hércules, si luchan, y, felices, son arrastrados por la adulación a todo tipo de ultrajes?

13

Por ello, se debe vigilar al adulador sobre todo en sus alabanzas. Esto tampoco lo ha olvidado él mismo,

[58] Cf. Plut., *Vida de Antonio* 9 (920D).

[59] Ptolomeo Auletes (80-51 a. C.); cf. Estrabón, 17, 1, 11 (C 796).

[60] Tira de cuero que se ponían los flautistas, como un dogal, alrededor de los labios, para ayudarse a regular el sonido de la flauta.

sino que, porque es hábil para guardarse de la sospecha, si coge a uno vestido con un manto de púrpura o a un rústico que lleva una gruesa piel, emplea toda clase de burla, como Estrucias, que paseábase con Bías y ultrajaba su insensibilidad con alabanzas:

Has bebido más que el rey Alejandro[61],

y

Me río de esto, pensando en aquel chipriota[62].

Y cuando ve a personas ingeniosas que lo observan muy bien y que se cuidan de este lugar y ocasión, no entra en la alabanza por el camino recto, sino que, alejándose, se mueve en círculos y se acerca sin ruido como si tocara y tentara a un animal. Ahora contará las alabanzas de algunos otros sobre él, como los rétores, empleando una persona ajena,

---

[61] Del *Adulador* de Menandro (Kock, *Com. Att. Frag.* III, *Menandro*, n.º 283).

[62] *Ibid.* n.º 297.

diciendo que en el ágora ha tenido un encuentro muy agradable con extranjeros o ancianos que le han recordado muchas cosas buenas de él y le admiraban. Otras veces, de nuevo, ideando y componiendo culpas leves y falsas contra él, como si las hubiera oído a otros, viene con presteza, preguntando dónde dijo esto y dónde hizo esto otro. Si lo niega, como es natural, teniéndolo asido por aquí, cubre al hombre con alabanzas: «Yo me admiraba de que tú que no lo sueles hacer contra tus enemigos hablaras mal de tus amigos íntimos, y que tú, que tantos de tus propios bienes has regalado, hubieras intentado apoderarte de los bienes ajenos».

14

Otros, igual que los pintores intensifican los lugares luminosos y brillantes con los sombreados y obscuros colocados junto a ellos, pasan, así, desapercibidos, por censurar y vituperar o ridiculizar y mofarse de las cosas contrarias, cuando alaban y alimentan los vicios que tienen los que son adulados.

En efecto, reprochan la moderación como rusticidad en los libertinos, y en los arrogantes, malhechores y ricos por acciones vergonzosas y malas, la suficiencia y justicia como falta de valor y debilidad para la acción. Cuando tratan con perezosos, ociosos y que huyen de la vida pública de las ciudades, no se avergüenzan al llamar a la política trabajo de negocios ajenos y al deseo de honores vanidad inútil. También es propia del retórico la adulación para ridiculizar al filósofo, y entre las mujeres disolutas son tenidos en gran estima, al llamar a las fieles y amantes de sus maridos frías para las cosas del amor y rústicas. Pero sobrepasa toda maldad el hecho de que los aduladores no se detienen ni ante ellos mismos.

En efecto, igual que los luchadores abaten su cuerpo para tirar a los otros, del mismo modo, al censurarse a sí mismos, empujan a los que están cerca hacia la admiración: «Soy un esclavo cobarde en el mar; me canso en los trabajos; si me insultan, me vuelvo loco de ira». Pero para éste dice: «no hay nada difícil, ni pesado, sino que es un hombre singular, lo soporta todo tranquilamente y sin sufrimiento». Y si uno, creyendo tener mucho entendimiento y queriendo ser austero y sincero por alguna rectitud, suele proponer como modelo el verso

Tidida, no me alabes demasiado y no me injuries[63],

el adulador hábil no se acerca a él de esta manera, sino que existe otra técnica para este tipo de personas. Pues se llega a uno de éstos para consultarle sobre sus propios negocios, en la idea de que es superior en sus juicios, y le dice que tiene otros amigos íntimos, pero que por necesidad tiene que molestarlo. «¿A dónde acudiremos cuando necesitemos consejo? ¿En quién confiaremos?» Luego, después de haber escuchado lo que le dice, se marcha, diciendo que ha recibido un oráculo, no un consejo. Y, si ve que alguno se atribuye experiencia en el arte de la palabra, le trae alguno de sus escritos, pidiéndole que lo lea y lo corrija. Al rey Mitrídates[64],

---

[63] Hom., *Il.* x 249.

[64] Nacido en Sínope, con ayuda de los Diádocos fue gobernador de la Capadocia, junto al Mar Negro, y el enemigo más peligroso de los romanos.

que era amigo de la medicina, algunos de sus amigos se le ofrecían a sí mismos para que los abriese y quemase, adulándole con obras, no con palabras. En efecto, parecía que la confianza de ellos en él era testimonio de su habilidad:

Muchas son las formas de los dioses[65].

Esta clase de alabanzas veladas, que requieren una precaución más hábil, se deben investigar de modo conveniente, ordenando consejos y enseñanzas absurdas y haciendo correcciones faltas de razón. Pues, si no se opone a nada, sino que, aprobándolo todo, aceptándolo todo y gritando a cada cosa que está bien y es apropiada, se descubre perfectamente que,

preguntando la consigna, pero buscando otro asunto[66],

quiere alabar y ayudarle a envanecerse.

[65] Eurípides en varios lugares: *Alcestes, Andrómaca, Bacantes* y *Helena*.

[66] Nauck, *Trag. Graec. Frag., Adesp.*, n.º 365.

15

Además, igual que algunos han definido la pintura como una poesía silenciosa, así existe una alabanza de adulación callada. Pues, así como los cazadores pasan más inadvertidos a su presa si no dan la impresión de que hacen esto, sino que parece que caminan, que apacientan el ganado o que trabajan el campo, así también los aduladores consiguen más con las alabanzas, cuando no parece que están alabando, sino que están haciendo otra cosa distinta. En efecto, el que cede su silla y su butaca al que llega, y si, mientras habla al pueblo o al consejo, se da cuenta de que uno de los hombres ricos desea hablar, se calla en medio de su discurso, cediéndole la tribuna y la palabra, demuestra más con su silencio que el que grita, que piensa que aquél es mejor y que aquél lo aventaja en inteligencia. Por eso, es posible verlos ocupando los primeros puestos en los auditorios y en los teatros, no porque ellos se los merezcan, sino porque adulan a los ricos al levantarse para cederles el sitio. Y tomando la palabra los primeros en las asambleas y senados, la ceden después a los más poderosos y cambian fácilmente a la opinión contraria, si es poderoso, rico o famoso el que se les opone. Con lo cual, es preciso poner en evidencia sus servidumbres y «retiradas», que no ceden a las experiencias, ni a la virtud, ni a la edad, sino a la riqueza y a la fama.

El pintor Apeles[67], estando sentado Megabizo junto a él y queriendo hablar de dibujo y de sombras, le dijo: «¿Ves a estos muchachos que están moliendo el color amarillo? Ellos tenían puesta su atención en ti mientras estabas callado, y admiraban tu vestidura de púrpura y tus adornos de oro. Ahora, en cambio, se ríen de ti, porque has comenzado a hablar de cosas que no has aprendido». Y Solón[68], al preguntarle Creso[69] sobre la felicidad, de-

---

[67] Apeles de Colofón, pintor de corte de Alejandro Magno. Cf. Plut., *Mor.* 427A.

[68] Político y poeta ateniense de los siglos VII-VI a. C. Sobre esta anécdota, cf. Heródoto, I 30-33, y Plut., *Vida de Solón* 27 (93B).

[69] Último rey de Lidia del siglo VI a. C., cuya riqueza fue proverbial entre los griegos.

claró que un cierto Telo[70], un hombre común de Atenas, y Bitón y Cléobis[71] eran los más afortunados. Los aduladores, en cambio, proclaman públicamente que los reyes, los ricos, los gobernantes, no sólo son felices y dichosos, sino también los primeros por su inteligencia, arte y toda clase de virtud.

16

Algunos no soportan oír a los estoicos, que llaman al sabio, a la vez, rico, hermoso, noble y rey; los aduladores, en cambio, llaman al rico, a la vez, orador, poeta y, si lo desea, pintor, flautista, ligero de pies y robusto, echándose a sus pies en la lucha y

---

[70] Ateniense que, habiendo luchado en la batalla de Eleusis y después de haber puesto en fuga a los enemigos, murió con todos los honores y mereció de su patria una sepultura pública.

[71] Dos hermanos argivos que llevaron a su madre sobre un carro, del que ellos mismos tiraron, al faltar los bueyes, para que asistiese a una fiesta en honor de Hera, y que murieron al final de la ceremonia religiosa.

quedándose atrás en la carrera, como Crisón, el de Hímera[72], se quedaba atrás en la carrera ante Alejandro[73], que, al darse cuenta, se enfadó. Carnéades[74] decía que los hijos de los ricos y de los reyes sólo aprenden a montar a caballo, pero no aprenden ninguna otra cosa bien y convenientemente. Pues el maestro, alabándolos en sus estudios, y el que lucha con ellos, sometiéndoseles, los adula; pero el caballo, al no tener conocimiento, ni preocupándose de si es un particular o un gobernante o un rico o un pobre, derriba a los que no lo saben montar. Así pues, es simple y necio el dicho de Bión[75]: «Si estuviera seguro de hacer mi campo más productivo y fértil alabándolo, no parecería que cometía un error haciendo esto, más que cavando y atendiendo al negocio. Por esto, no sería absurdo alabar a un hombre, si con las alabanzas llega a ser más útil

---

[72] Ciudad de Sicilia.

[73] Cf. Plut., *Mor.* 471F, donde se repite la anécdota.

[74] Carnéades de Cirene, siglos III-II a. C., primero estoico y más tarde fundador, en Atenas, de la Academia Nueva.

[75] Posiblemente, Bión de Borístenes.

y valioso». En verdad, el campo no empeora si es alabado, pero los que alaban con mentira y sin merecerlo a un hombre lo hacen soberbio y lo destruyen.

17

Sobre estas cosas baste esto. A continuación vamos a ver lo relativo a la franqueza. En efecto, convendría que, así como Patroclo, poniéndose las armas de Aquiles y montando sus caballos para la batalla, no se atrevió únicamente a tocar la lanza cortada en el Pelión, y la dejó, así convendría que el adulador, cuando se disfraza y compone con los signos y distintivos del amigo, dejase sin tocar y sin imitar sólo la franqueza, como importante arma de la amistad,

pesada, grande, robusta[76].

Mas como, huyendo de ser conocidos en la risa, en

[76] Hom., *Il.* XVI 141.

el vino, en la burla y en los juegos, se esfuerzan los aduladores por elevar su negocio y alaban mirando con rostro serio y mezclan algún reproche y advertencia, no dejemos esto sin examinar.

Pienso que, así como en una comedia de Menandro[77] entra un falso Heracles llevando una maza no robusta ni fuerte, sino una imitación esponjosa y vacía, la franqueza del adulador parecerá, a los que la experimentan, blanda, ligera y sin ninguna fuerza, pero que hace lo mismo que las almohadas de las mujeres que, pareciendo que sirven de apoyo y que resisten las cabezas, más bien ceden y se hunden, y así esta franqueza falsa, que tiene un esplendor vacío y corrompido, se eleva y se hincha, para achicándose y derrumbándose recibir y arrastrar al que se precipite sobre ella. La franqueza verdadera y amistosa, en cambio, se adhiere a los que cometen errores, produciendo una tristeza salvadora y providente, muerde y purifica como la miel[78] las llagas, siendo,

---

[77] Kock, *Com. Att. Frag.* III 148, y Maineke, IV 225.

[78] Hay muchas noticias en los escritores antiguos sobre esta propiedad de la miel. Cf. Plut., *Vida de Foción* 2 (742B).

sin embargo, en lo demás, provechosa y dulce. Sobre esta franqueza se hablará a su debido tiempo.

El adulador, al principio, se muestra áspero, desconsiderado e inexorable en su relación con los demás (pues es severo con sus criados, experto en atacar las faltas de sus parientes y familiares y en no admirar ni sentir respeto por ninguno de los de fuera, sino para despreciarlos, y despiadado y calumniador para provocar a los otros a la cólera, persiguiendo la opinión como hombre que odia la maldad, para que no parezca que voluntariamente cede en su franqueza con ellos, ni que hace ni dice nada por congraciarse); después, fingiendo no saber ni conocer nada de los vicios verdaderos y grandes, es hábil en lanzarse sobre los delitos pequeños y que no hacen al caso, y en atacar con fuerza y con vehemencia, si ve que algún mueble no está bien colocado, si uno administra mal, si descuida la barba o el vestido, o si no cuida convenientemente a un perro o a un caballo. En cambio, la despreocupación por los padres, el no preocuparse de los hijos, el injuriar a la mujer y el desprecio hacia los criados y la ruina de los bienes, esto no le importa nada, sino que en estas cosas se queda mudo y tímido, igual que un entrenador que deja que un atleta se emborrache y lleve una vida desordenada, para ser después severo sobre el recipiente del aceite y el raspador, o igual que el gramático que, golpeando al niño por la tablilla y el punzón, hace que no oye cuando comete un solecismo y un barbarismo. Pues el adulador es como una persona que no es capaz de decir nada ante el discurso de un orador malo y risible, pero sí de censurar su voz y de reprocharle severamente, porque destruye su garganta bebiendo agua fría, y como el que, habiéndosele mandado repasar un discurso desafortunado, echase la culpa al papel de que era grueso y llamase al escriba malvado y negligente. Así hacían también los aduladores de Ptolomeo[79], que se tenía por un amante de la enseñanza, al alargar su discusión con él sobre una palabra obscura, un pequeño verso o una historia hasta muy entrada la noche, pero, cuando se portaba con crueldad y orgullo, tocaba los timbales y realiza-

---

[79] Posiblemente, Ptolomeo Evérgetes II (146-117 a. C.). Cf. Ateneo, XII 73, 549D.

ba sus iniciaciones, ninguno de entre tantos se oponía. Como si uno cortara los cabellos y las uñas de un hombre que tiene tumores y úlceras con un bisturí de un médico, así los aduladores aplican la franqueza a las partes que no sienten pena ni dolor.

18

Y otros, todavía más hábiles que éstos, usan la franqueza y el reproche para proporcionar placer. Como Agis, el argivo, quien, al ver que Alejandro daba grandes regalos a uno que le hacía reír, por envidia y disgusto comenzó a dar voces diciendo: «¡Oh!, qué cosa más absurda», y el rey, volviéndose hacia él con ira, le preguntó: «¿Qué dices tú?», y él le contestó: «Yo confieso que me disgusta y me indigna, cuando os veo a todos vosotros, hijos de Zeus, alegrándoos de forma parecida con los hombres aduladores y ridículos. Pues también Heracles se deleitaba con ciertos Cércopes[80], y Dioniso con los

---

[80] Eran dos hermanos de Éfeso, que quisieron atacar a Hera-

Silenos[81], y es posible ver que tales personas son tenidas en gran estima por ti». Habiendo llegado una vez el César Tiberio[82] al senado, uno de sus aduladores, levantándose, dijo que era preciso que ellos, siendo hombres libres, usaran de la franqueza y no disimularan ni callaran las cosas que fuesen provechosas. Habiendo llamado de esta forma la atención de todos, habiéndose hecho el silencio en torno a sus palabras y habiéndole prestado atención Tiberio, le dijo: «Escucha, César, lo que todos te reprochamos, pero que ninguno se atreve a decir abiertamente. No te preocupas de ti mismo, pierdes tu cuerpo y lo fatigas con cuidados y trabajos por nosotros, no dándote descanso ni de día ni de noche». Como él repitiera muchas cosas parecidas a

---

cles con engaño; éste los prendió y ató; los soltó, luego, y se rió mucho de ellos.

[81] Antiguos sátiros de nariz chata, labios gruesos e hinchados, calvos y de expresión animalesca y lasciva. El argivo Agis de la anécdota es un poeta que acompañó a Alejandro en su expedición asiática.

[82] César de Roma del año 14 al 37 d. C.

éstas, dicen que dijo el orador Casio Severo: «Esta franqueza matará a este hombre».

19

Estas cosas son, efectivamente, insignificantes. Pero peligrosas y que dañan a los necios son aquellas ocasiones en las que los aduladores acusan de emociones y debilidades contrarias (como Himerio, el adulador, censuraba de corrompido a uno de los ricos más groseros y tacaños de Atenas, porque era un despreocupado y porque se iba a morir de hambre juntamente con sus hijos), o cuando, por otro lado, a hombres corrompidos y pródigos les hacen reproches por su tacañería y sordidez (como Tito Petronio[83] a Nerón), o cuando a los gobernantes que se comportan cruel y salvajemente con sus súb-

---

[83] El árbitro de la elegancia de la corte del emperador Nerón, siglo I d. C., y autor de una gran novela sobre las costumbres romanas, titulada *Cena Trimalchionis*, conservada sólo fragmentariamente.

ditos les exhortan a desprenderse de su excesiva benignidad y de su piedad inoportuna e inútil.

Semejante a éstos es también aquel que finge que se guarda y teme a un hombre tonto, torpe y necio como si fuera hábil y astuto; y el que, siendo del tipo de personas envidiosas y que se alegran con hablar siempre mal y criticar, si alguna vez se ve obligado a alabar a algún hombre famoso, cuando lo coge un adulador y le contradice tiene esto como una desgracia. «Alabas a hombres que no son dignos de nada, pues ¿qué es éste o qué cosa destacada ha dicho o hecho?» Sobre todo, en lo relacionado con las cosas del amor, los adoradores dirigen sus ataques contra sus adulados, y los provocan. En efecto, si ven que tienen diferencias con sus hermanos o que desprecian a sus padres o son orgullosos con sus mujeres, ni les amonestan ni censuran, sino que procuran aumentar sus iras. «¿No tienes aprecio a ti mismo? También tú tienes la culpa de esto, porque te comportas servicialmente y con humildad.» Pero, si se produce irritación por un acto de cólera y celos contra una hetera o contra una adúltera, la adulación se presenta con una espléndida franqueza, añadiendo fuego al fuego, pidiendo justicia y acusando al amante de cometer muchos actos odiosos, crueles y criminales:

¡Oh el más desagradecido después de besos tan suaves![84]

Del mismo modo trataban de persuadir sus amigos a Marco Antonio[85], cuando estaba enamorado y encendido en amor por la reina de Egipto, de que él era amado por ésta, y, reprochándole, le llamaban insensible y orgulloso: «La mujer, abandonando un imperio tan grande y tantas ocupaciones felices, se consume, acompañándote en tus campañas guerreras, a la manera de una concubina»:

Tienes en tu pecho un corazón indomable[86]

y miras con indiferencia que está afligida. Mas él,

---

[84] De los *Mirmidones* de Esquilo. Nauck, *Trag. Graec. Frag.*, *Esquilo*, n.º 135. Cf. también Plut., *Mor.* 715C.

[85] Cf. Plut., *Vida de Antonio* 53 (940D).

[86] Hom., *Od.* X 329.

dejándose reprender de buena gana, como si fuera injusto, y, alegrándose con los que le acusaban y no con los que lo alababan, no se daba cuenta de que con este aparente reproche era corrompido. Una franqueza tal es como los mordiscos de mujeres lascivas, que despiertan el placer y hacen cosquillas, bajo la apariencia de causar pena. Y así como el vino, que es una ayuda principalmente contra la cicuta, si lo mezclan, echándolo sobre ella, convierte la fuerza del veneno completamente en incurable, porque a causa del calor es conducida más rápidamente en el cuerpo humano, así los malos, sabiendo que la franqueza es una gran defensa contra la adulación, adulan a través de la misma franqueza. Por tanto, tampoco Bías respondió bien al que le preguntó cuál de los animales es el más fiero, al contestar que de los animales salvajes el tirano y de los mansos el adulador. Pues hubiera sido más conveniente haber dicho que, de los aduladores, son mansos aquellos que andan alrededor del baño y de la mesa, y fiero, salvaje y difícil de tratar aquel que extiende, como tentáculos de un pulpo, su curiosidad, su calumnia y maldad, hasta el interior de las casas y hasta las habitaciones de las mujeres.

20

Existe, al parecer, una única manera de cuidarse de este tipo de adulación: conocer y acordarse siempre de que, al tener una parte verdadera, amante del bien y racional, y otra irracional, amante de la mentira y emocional, el amigo siempre está presente como consejero y defensor de la mejor, igual que el médico que aumenta y defiende la salud; mientras que el adulador se sitúa junto a la parte emocional e irracional, acaricia, hace cosquillas, persuade y priva del razonamiento, maquinando para él algunos deleites dañinos. Igual que, de las comidas, algunas no son útiles a la sangre ni a los pulmones ni añaden fuerza a los nervios o a los tuétanos, sino que alteran las partes vergonzosas, hinchan el vientre y hacen la carne enferma y podrida, del mismo modo la palabra del adulador no añade nada al que es prudente y razonable, sino que, alimentando algún placer de amor o incitando a la cólera irracional, excitando la envidia, o haciendo la dignidad del pensamiento odiosa y vacía, o consiguiendo que llore con tristeza, o haciendo siempre violenta, tímida y suspicaz la parte mala, esclava y desconfiada con algunas calumnias y sospechas, no pasará desapercibida a los que le presten atención. Pues siempre aguarda alguna emoción y la engorda, y a manera de un tumor se abate cada vez sobre las partes corrompidas y enfermas del alma. «¿Estás colérico? Castiga. ¿Deseas algo? Cómpralo. ¿Tienes miedo? Huyamos. ¿Tienes alguna sospecha? Créeme.» Si es difícil descubrir al adulador en estas pasiones porque el razonamiento es vencido a causa de la vehemencia y grandeza de las mismas, en las pequeñas mostrará su punto flaco, ya que es el mismo. Pues el amigo, cuando sospecha que uno se siente mal por la bebida o el exceso de comida y que duda de si tiene que bañarse o comer, lo intentará retener, aconsejándole que se cuide y que lleve cuidado; en cambio, el adulador lo llevará a rastras al baño y le recomendará alguna novedad y no maltratar su cuerpo con la abstinencia. Y, si lo ve remiso hacia algún viaje o navegación o algún negocio, no le dirá que la ocasión apremia, sino que harán lo mismo aplazándolo o enviando a otro. Y, si hubiera prometido prestar o dar algún dinero a un familiar y se arrepiente de ello, pero le da vergüenza, el adulador, apoyando la peor inclinación, fortalecerá su opinión tocando su bolsillo, y echará fuera su vergüenza, aconsejándole que ahorre, porque gasta mucho y debe alimentar a muchos. De aquí que, si nosotros no advertimos nuestros deseos de avaricia, nuestra desvergüenza y cobardía, también el adulador nos pasará desapercibido como tal. Pues es el que siempre es defensor de estas emociones y habla con franqueza de ellas. Estas cosas son, en efecto, suficientes sobre este asunto.

21

Ahora vamos a hablar de los servicios y ayudas, ya que también en éstos el adulador produce una gran confusión e incertidumbre de su diferencia con el amigo, dando la impresión de ser activo y animoso y de estar dispuesto para todo. Pues el carácter del amigo, como el lenguaje de la verdad, es simple, como dice Eurípides, llano y sin afectación[87], pero el del adulador, en realidad,

estando enfermo, él mismo necesita de sabios remedios[88],

muchos, sí, ¡por Zeus!, y excelentes. En verdad, igual que en los encuentros entre dos personas el amigo a veces sin hablar, ni escuchar nada, sino mirando y sonriendo, dando y recibiendo con los ojos su amistad y familiaridad íntimas, pasa de largo, el adulador, por el contrario, corre, sigue, saluda de lejos, y, si habiendo sido visto, es saludado primero, se excusa una y otra vez con testigos y juramentos; del mismo modo, en las acciones, los amigos dejan pasar muchas de las pequeñas, sin ser exactos y sin ocuparse nada de ellas, ni dedicándose ellos mismos a cada ayuda. Mas aquél es en estas ocasiones perseverante, asiduo, infatigable, no dan-

---

[87] *Fenicias* 469.

[88] *Ibid.*, 472.

do a otro lugar ni espacio para un servicio, sino queriendo ser mandado, y si no es mandado, se ofende y, más aún, se descorazona mucho y grita de indignación.

22

En verdad, para las personas sensatas éstas son pruebas no de una amistad verdadera y sincera, sino de una amistad postiza y que se abraza con más decisión de lo que es menester. Sin embargo, conviene primeramente considerar la diferencia en las promesas. Pues se ha dicho muy bien también por escritores anteriores a nosotros que la promesa de un amigo es aquella que dice:

si puedo realizarlo y si eso se puede realizar[89];

la del adulador, en cambio, es ésta:

---

[89] Hom., *Il.* XIV 196, XVIII 427, y *Od.* V 90.

di lo que piensas[90],

y los cómicos introducen en la escena a personajes como éste:

*Nicómaco, colócame frente a ese soldado,
si no lo ablando con mis latigazos completamente,
si no hago su rostro más suave que leche cuajada*[91];

después, ninguno de los amigos colabora, si antes no ha sido llamado como consejero, y sólo cuando ha examinado el asunto y está de acuerdo en que es para algo conveniente o provechoso. Pero el adulador, si alguno le permite examinar y aprobar conjuntamente el asunto, al desear no solamente ceder y agradar, sino también temiendo causar sospecha de que es negligente y que rehúye el asunto, muestra y ayuda a urgir el deseo. Pues no se encuentra fácilmente un rico ni un rey que diga:

---

[90] Hom., *Il.* XIV 195, XVIII 426, y *Od.* V 89.

[91] Kock, *Com. Att. Frag.* III 432, *Adesp.*, n.º 125.

*ojalá tuviera un pobre, y, si se quiere,
alguien peor que un pobre, quien, siendo amigo mío
y dejando a un lado el temor, me hablara de corazón*[92],

sino que, igual que los poetas trágicos, necesitan un coro que cante acompañando a un teatro que aplauda juntamente. Por eso, la trágica Mérope aconseja:

*acepta como amigos a aquellos que no ceden en sus
[discursos,
pero ponles el cerrojo de tu casa, como peligrosos,
a aquellos que, agradándote, tratan de conseguir un favor*[93].

Ahora bien, ellos hacen lo contrario, abominan de aquellos que no ceden en sus discursos, y oponen resistencia en torno a lo que es provechoso, y a los cobardes, groseros y charlatanes, por conseguir un favor no sólo los acogen dentro de sus casas cerra-

---

[92] De la *Ino* de Eurípides. Nauck, *Trag. Graec. Frag.*, *Eurípides*, n.º 412.

[93] Del *Erecteo* de Eurípides. Nauck, *Trag. Graec. Frag.*, *Eurípides*, n.º 362, XI 18-20.

das, sino también dentro de sus secretas emociones y asuntos. De entre los aduladores, el más simple no cree que es necesario ni digno ser consejero de asuntos tales, sino ayudante y servidor, pero el más hábil, cuando se une en las deliberaciones, frunce el ceño, afirma con la cabeza y no dice nada; pero si aquél expone su parecer dice: «¡Por Heracles!, te me adelantaste un poco al hablar, pues yo iba a decir esto mismo». Pues, así como los matemáticos afirman que las superficies y las líneas ni se tuercen ni se extienden ni se mueven por sí mismas, al ser creaciones de la mente e incorpóreas, pero que se tuercen, se extienden y se mueven juntamente con los cuerpos de los cuales son los límites, del mismo modo descubrirás que el adulador siempre da su consentimiento, enjuicia, siente y, sí, ¡por Zeus!, se irrita conjuntamente, de modo que, en estos asuntos, la diferencia es completamente fácil de distinguir. Y aún más en el tipo de servicio, ya que el favor que viene del amigo, como el animal, tiene sus fuerzas más poderosas en lo más profundo de su ser, y no hay allí ninguna demostración ni alabanza, sino que, muchas veces, como el médico cura pasando desapercibido, también el amigo ayuda acercándose o alejándose, preocupándose sin que el otro se dé cuenta. Tal clase de amigo fue Arcesilao[94] en las demás cosas, el cual, al enterarse de la pobreza de Apeles de Quíos, que estaba enfermo, fue a verlo al punto con veinte monedas de cuatro dracmas y, sentándose a su lado, dijo: «aquí no hay nada sino aquellos cuatro elementos de Empédocles:

"fuego, agua, tierra y la suave sublimidad del aire"[95],

pero me parece que no estás bien echado», y a la vez que le arreglaba la almohada, le puso debajo las monedas sin ser advertido. Cuando las encontró una vieja sirvienta y, llena de admiración, se lo comunicaba a Apeles, aquél, riéndose, dijo: «Este ardid es cosa de Arcesilao». Y también en filosofía los «hijos» nacen «parecidos» a los padres[96]. En efecto,

---

[94] Cf. nota 48.

[95] Diels, *Fragmente der Vorsokratiker* I 230, 1, 18.

[96] Cf. Hesíodo, *Trabajos y Días* 235. Lácides, citado a continua-

Lácides, conocido de Arcesilao, defendía junto con otros amigos a Cefisócrates, acusado de un delito grave. Pidiendo el acusador el anillo, él lo dejó caer suavemente, y dándose cuenta Lácides le puso el pie encima y lo ocultó. La prueba estaba en el anillo. Después de la sentencia, al ir Cefisócrates a dar las gracias a los jueces, uno de ellos, que al parecer había visto lo ocurrido, le ordenó que le diese las gracias a Lácides y le explicó el asunto, no habiéndoselo dicho Lácides a nadie. Así, también, creo que los dioses hacen bien muchas veces sin ser notados y, por ser de este natural, se complacen y alegran en su mismo acto de agradar y hacer bien. Pero el trabajo del adulador no tiene nada de estable ni de auténtico, ni de simple, ni de liberal, antes bien produce sudores, gritos, carreras, y una tensión en el rostro que da la impresión y tiene el aspecto de una ocupación servicial y diligente, como

ción, fue un filósofo griego de Cirene en África, del siglo III a. C., que sucedió a Arcesilao, fundador de la Academia Nueva, en la dirección de esta escuela filosófica. Cefisócrates es un personaje sólo citado aquí y cuya personalidad desconocemos.

una pintura muy artificiosa que, con colores procaces y con vestiduras que se doblan y con arrugas y ángulos, intenta darnos la impresión de la realidad. También es molesto él, cuando nos cuenta cómo los hizo, refiriéndonos algunos de sus viajes y cuidados, después las enemistades con otros y las miles de cosas y padecimientos, de tal modo que le puedas decir: «Esto no era digno de esas cosas»[97]. Pues todo favor que es echado en cara es molesto, desagradable e insoportable, y en los favores de los aduladores lo censurable y vergonzoso no se produce después, sino seguidamente, mientras se está haciendo. El amigo, en cambio, si es necesario hablar, cuenta los hechos con modestia y no dice nada de sí mismo. Del mismo modo, también los lacedemonios, habiendo enviado provisiones a los de Esmirna, que estaban necesitados, como aquéllos les expresaran su admiración por el favor, dijeron: «No es nada importante, pues, votando quitarnos a nosotros y a las bestias la comida durante un día, recogimos estas cosas». Tal favor no sólo es generoso,

---

[97] Cf. Arist., *Economía doméstica* 1347b16.

sino también agradable a los que lo reciben, porque piensan que los que les ayudan no sufren grandes males.

23

Así pues, no es, sobre todo, en lo molesto de los servicios del adulador ni en la facilidad de sus promesas en donde uno podría conocer su naturaleza, sino mucho más en lo noble o vergonzoso de su servicio, y en si se distingue por el placer o por la utilidad que proporciona. Pues el amigo no pedirá, como declaraba Gorgias, que el amigo le ayude en las cosas justas, y él le servirá a aquél también en muchas cosas que no son justas:

Pues el ser prudente es compartido, no el estar loco[98].

Más bien lo intentará apartar de las cosas que no son convenientes, y si no lo convence, es útil aquel

---

[98] Cf. Euríp., *Ifigenia en Áulide* 407.

dicho de Foción[99] a Antípatro: «No me podrás usar como amigo y como adulador», esto es, como amigo y como no amigo. En efecto, es preciso ayudar al amigo, pero no a que haga el pícaro; aconsejarle, pero no acompañarle en sus asechanzas; ayudarle a testificar, no a engañar, y hay que acompañarle en su infortunio, sí, ¡por Zeus!, pero no cuando comete injusticias. Pues no es deseable conocer con los amigos las cosas vergonzosas, y menos aún hacerlas con ellos y ayudarles a obrar torpemente. En efecto, así como los lacedemonios[100], vencidos en la batalla por Antípatro y habiendo firmado con él la paz, pidieron que les mandase como castigo lo que quisiera, pero nada que fuera vergonzoso, así es el amigo: si hay algo que requiera gasto, peligro o tra-

---

[99] Cf. Plut., *Vida de Foción* 30 (755B), y *Vida de Agis* 2 (795E). Foción fue un general y político ateniense, condenado como enemigo de la democracia y ejecutado en el año 318. Antípatro fue un general macedonio que favoreció en Grecia los gobiernos oligárquicos y tiránicos; estuvo bajo las órdenes de Filipo II y de su hijo Alejandro. Cf. Plut., *Mor.* 124B y 188F.

[100] *Ibid.*, 235B.

bajo, pide ser llamado el primero y participar sin excusas y con buen ánimo, pero, cuando sólo se trata de una cosa vergonzosa, ruega que le dejen tranquilo y se abstiene.

Pero la adulación hace lo contrario: se excusa en las ayudas que son penosas y que comportan un peligro, y, si lo golpeas para probarlo por algún motivo, suena[101] como algo averiado y de baja calidad. Pero, en los servicios vergonzosos, bajos y obscuros, sírvete de él, písalo, no creerá que es nada grave ni ignominioso. ¿Ves al mono? No puede guardar la casa como el perro, ni llevar peso como el caballo, ni labrar la tierra como el buey. Por eso, soporta el ultraje y sigue las bufonadas y bromas y se presta a sí mismo como instrumento de risa. Del mismo modo, también el adulador, al no ser capaz de ayudar a otros con palabras o con dinero, o ayudarles en una disputa, quedándose atrás en todo trabajo o esfuerzo, en las cosas fáciles está dispuesto, es un fiel servidor en los asuntos de amor y conoce perfecta-

---

[101] La comparación se hace con un vaso al que se prueba golpeándolo con los dedos.

mente el precio de una prostituta, y no es negligente para quitar del ánimo el cuidado por el gasto de la bebida, ni perezoso en la preparación de los banquetes; es servicial para las concubinas, y, si se le ordena que sea osado con los parientes y que eche a una esposa, es inflexible e inexorable. De forma que ese hombre no es difícil de distinguir por este comportamiento, pues, si le mandas lo que quieras de asuntos obscuros y feos, está dispuesto a olvidarse de sí mismo con tal de agradar al que le manda.

24

No menos se podría conocer al adulador en su disposición con los otros amigos, pues se diferencia mucho en esto del amigo. En efecto, para éste es agradable amar y ser amado con otros muchos, y es perseverante en hacer esto por el amigo, para que tenga muchos amigos y muchos honores, porque, pensando que las cosas de los amigos son comunes, piensa que nada debe ser tan común como los amigos. Pero el adulador es falso, bastardo y mercenario, porque conoce muy bien que está cometiendo una injusticia con la amistad, convertida por él en una moneda falsa; también es envidioso por naturaleza y usa de la envidia con los semejantes, luchando por sobrepujarlos en truhanerías y en charlatanerías, y tiembla y siente miedo ante el mejor; no, ¡por Zeus!, «marchando a pie tras el carro lidio»[102], sino «tras el oro refinado»[103] como dice Simónides, «limpio y sin plomo»[104].

Por esto, cuando, siendo ligero, falso y engañoso, se enfrenta de cerca con una amistad verdadera, digna y firme, al no poder soportar la prueba y al ser descubierto, hace lo mismo que uno que había pintado gallos muy mal. Pues éste mandó a su esclavo que ahuyentara los gallos verdaderos lejos de la pintura, y aquél ahuyenta a los amigos verdaderos y no les deja acercarse. Pero, si no puede, los adula públicamente, honra y admira como a los mejores, pe-

---

[102] Que es querer alcanzar al que nos lleva gran ventaja.

[103] Cf. Bergk, *Poet. Lyr. Gr.* I 469 (fr. 206). Según Plut., *Vida de Nicias* 1 (523B), es de Píndaro.

[104] Bergk, *Poet. Lyr. Gr.* III 417 (fr. 64), con alguna variante.

ro a escondidas malmete y siembra calumnias y, después de que las palabras ocultas han removido la herida, si no consigue al punto totalmente su propósito, recuerda y observa aquello de Medio.

Era Medio como el caudillo del coro de los aduladores de Alejandro[105] y había conspirado, como el más ladino enemigo, contra todas las personas honradas. En efecto, les ordenaba que con osadía atacasen y ofendiesen con calumnias, enseñando que, si el ofendido se curaba la herida, quedaría la cicatriz de la calumnia. Sin embargo, consumido con estas cicatrices, más bien gangrenas y cánceres, Alejandro mandó matar a Calístenes, a Parmenión y a Filotas, y se dejó trastornar sin cuidado alguno por los Hagnones, Bagoas, Agesias y Demetrios, permi-

---

[105] Cf. Plut., *Vida de Alejandro* 22 (677B) y *Mor.* 717B. Calístenes, al que Alejandro mandó matar por su franqueza, como se nos dice más abajo, fue un filósofo de Olinto que estudió con Aristóteles y acompañó a Alejandro Magno en sus campañas de Asia. Hagnón, Demetrio y Agesias son los nombres de tres favoritos y aduladores de Alejandro, y Bagoas un eunuco favorito del mismo rey.

tiendo ser adorado, vestido y modelado como una estatua bárbara por ellos. Así, el hacer un favor tiene una fuerza tan grande, y la más grande, según parece, entre aquellos que se creen los más poderosos. En efecto, el creer que uno tiene lo mejor, unido al deseo de tenerlo, da al adulador confianza y valor. Pues los lugares más elevados son de difícil acceso y difíciles de alcanzar para los enemigos, pero la altivez y el orgullo a causa de una buena fortuna y de una bella figura son sobre todo accesibles a los pequeños y a los humildes.

25

Por eso, al comenzar nuestro discurso aconsejábamos, y ahora de nuevo aconsejamos, erradicar de nosotros mismos el amor propio y la arrogancia. Pues ésta, adulándonos de antemano, nos hace más blandos con los aduladores de fuera, como si fueran alguien. Pero, si obedeciendo a la divinidad y aprendiendo que para cada uno el precepto «conócete a ti mismo» es lo más estimable de todo, revisáramos con cuidado, junto a nuestra naturaleza, nuestra crianza y nuestra educación, cuánto les falta de bueno y lo mucho que hay mezclado mala y vanamente en nuestras obras, palabras y pasiones, no dejaríamos a los aduladores que nos pisaran tan fácilmente. A este respecto, Alejandro decía que desconfiaba de los que le invocaban como a un dios por su dormir sobre todo, y por su pasión por los placeres del amor, pues en estas dos cosas se encontraba a sí mismo más innoble y más susceptible.

Nosotros, si observamos con frecuencia nuestros propios y numerosos defectos, miserias, imperfecciones y errores, nos descubriremos constantemente a nosotros mismos, siempre que no haya un amigo que nos alabe y que hable bien de nosotros, sino que nos reprenda, nos hable con libertad y nos censure. Pues son pocos entre muchos los que se atreven a hablar con franqueza más que a dar gusto a los amigos. Y, de nuevo, entre estos pocos no podrías encontrar fácilmente a los que saben hacer esto, sino a los que creen que, si injurian y censuran, emplean la franqueza. Sin embargo, igual que con una medicina, también con la franqueza no usada a su debido tiempo es posible causar pena inútilmente y perturbar, y hacer de alguna manera con dolor lo que hace la adulación con placer. En efecto, no dañan sólo los que alaban inoportunamente, sino también los que censuran. Y esto, sobre todo, nos hace más asequibles, de forma indirecta, a los aduladores, pues nos deslizamos, como el agua, desde los lugares difíciles y escarpados hacia los cóncavos y suaves.

Por esto, es preciso mezclar la franqueza con buenas maneras y tener razonamientos que se lleven lo que hay de excesivo y de impuro en ella, como en la luz, para que, por ser los perturbados y por sufrir por los que todo lo reprochan y por los que acusan a todos, no huyan hacia la sombra del adulador, y se den la vuelta hacia lo que no causa tristeza. Así pues, amigo Filópapo, se debe huir de toda maldad por medio de la virtud, no por medio de la maldad contraria, tal como algunos piensan que deben huir de la vergüenza con la desvergüenza, de la rusticidad con la truhanería, y que colocan su forma de ser lo más lejos de la cobardía y la maldad, si parecen estar cerca de la temeridad y la osadía. Algunos también consideran un rechazo de la superstición y la necedad su ateísmo y su malicia; como los que tuercen su carácter, como si fuera una madera, desde su propia tendencia hacia la parte contraria, por no saber cómo ponerlo derecho. La peor negación de la adulación es ser molesto sin necesidad, y, ciertamente, es propio de una persona grosera e inexperta el huir de lo innoble y lo ruin en la amistad con la antipatía y la hostilidad hacia la benevolencia del trato, como el liberto en la comedia que piensa que la difamación es el disfrute de la igualdad de palabra. Así pues, es feo caer en la adulación, persiguiendo hacer favores, y es feo, por huir de la adulación con una desmedida franqueza, destruir la amistad y la solicitud; conviene no padecer ninguna de las dos cosas, sino, como en cualquier otro caso, también en la franqueza alcanzar el bien por medio de la moderación. El mismo discurso, que pide la continuación, parece imponer este final a nuestro escrito.

26

Así pues, como vemos que muchos más infortunios acompañan a la franqueza, en primer lugar alejaremos de ésta el amor propio, guardándonos muy bien de parecer que censuramos al amigo por motivos propios, por padecer alguna injusticia o dolor. No crean que el discurso, que se dice en favor del mismo que habla, surge no de la benevolencia sino de la cólera, ni que es una advertencia, sino un reproche. En efecto, la franqueza es algo amistoso y honroso, pero el reproche es algo egoísta y mezquino. Por esto, respetamos y admiramos a los que nos hablan con franqueza, y censuramos y despreciamos a los que sólo les gusta reprochar. Agamenón, sin embargo, no pudo sufrir a Aquiles, que parecía que le hablaba con franqueza moderadamente, pero ante Odiseo, que le atacaba duramente y le decía:

*Cruel, ojalá tuvieras el mando
de otro ejército odioso*[106],

[106] Hom., *Il.* XIV 84.

cede y lo soporta, vencido por la solicitud y sensatez de sus palabras. Pues éste le reprochaba, no porque tuviera una causa de ira particular contra él, sino por la Hélade, pero aquél parecía que se indignaba sobre todo por sí mismo. En efecto, el mismo Aquiles, aunque no era «blando de corazón, ni de ánimo apacible»[107], sino «un hombre cruel y dispuesto a culpar al inocente»[108], en silencio permite a Patroclo que le acuse de muchas cosas, como éstas:

*implacable, ciertamente, no fue tu padre el caballero Peleo
ni tu madre Tetis. A ti te engendró el glauco mar
y las rocas escarpadas, pues tienes un corazón duro*[109].

Y así como Hipérides[110], el orador, pedía a los atenienses que considerasen no sólo si era duro en sus discursos, sino también si era duro en vano, del mismo modo la amonestación del amigo que carece de

[107] Hom., *Il.* XX 467.
[108] Verso formado por Hom., *Il.* XI 654, y XIII 775.
[109] Hom., *Il.* XVI 33.
[110] Fr. 212J. Cf. Plut., *Vida de Foción* 10 (746 D).

toda pasión propia es respetable, seria y no se atreve uno a oponerse a ella. Asimismo, si uno muestra claramente, cuando habla con franqueza, que pasa por alto y olvida enteramente las faltas de su amigo cometidas contra él, pero que reprocha sus otros errores y lo censura por otras cosas y no lo perdona, este tono de franqueza es invencible, porque la dulzura del que amonesta aumenta la dureza y la severidad de la amonestación. Por esto, está bien dicho aquello de que conviene en las iras y diferencias con los amigos actuar y mirar, sobre todo, por las cosas que son provechosas y convenientes para aquéllos, y no menos es propio de un amigo que, cuando nos parezca que nosotros mismos somos despreciados y que no se nos tiene en cuenta, hablar con franqueza de otros que también son objeto de descuido y recordarlos.

Por ejemplo, Platón[111], en sus sospechas y diferencias con Dionisio, le pidió una oportunidad para conversar y él se la concedió al punto, creyendo

---

[111] Cf. *Socratis et Socraticorum epistulae* 23. Esquines, por el que Platón intercede ante Dionisio, es discípulo de Sócrates.

que Platón tenía que tratar y quejarse de algo sobre sí mismo, pero Platón le habló más o menos así: «Si te enteraras, Dionisio, de que un enemigo navegaba hacia Sicilia con la intención de causarte algún mal, pero no encontrase la ocasión, ¿acaso le dejarías zarpar y le permitirías escapar indemne?». «Lejos de ello», dijo Dionisio, «oh Platón, pues es necesario odiar y castigar no sólo las obras de los enemigos sino también sus intenciones». «Entonces», dijo Platón, «si alguno por benevolencia hacia ti, llegando hasta aquí, quiere hacerte algún bien, pero tú no le das la oportunidad, ¿es justo que tú lo expulses sin darle las gracias y sin prestarle atención?». Habiendo preguntado Dionisio quién era éste, le dijo: «Esquines, un hombre ilustre por su carácter, como cualquiera de los compañeros de Sócrates, y poderoso en su discurso para mejorar a aquellos con los que se reúne, después de navegar hasta aquí a través de un mar tan extenso, para tener relación contigo a través de la filosofía, no ha recibido tu atención». Estas cosas turbaron tanto a Dionisio que al punto echó las manos alrededor de Platón y lo abrazó, admirando su benevolencia y grandeza de sentimientos, y cuidó de Esquines muy bien y con generosidad.

27

Así pues, en segundo lugar, como los que hacen una purga, suprimiremos de nuestra franqueza los condimentos desagradables, todo orgullo, risa, burla y chocarrería. Pues, igual que el médico al cortar la carne conviene que se deslice en su trabajo con delicadeza y con limpieza, pero su mano debe abstenerse de todo movimiento bailarín y atrevido, de toda gesticulación curiosa, del mismo modo la franqueza admite habilidad y elegancia, si la gracia conserva dignidad, pero el atrevimiento, la desvergüenza y la arrogancia unidas la destruyen y matan completamente. Por ello, el arpista[112], de una manera muy fina y convincente, hizo callar a Filipo[113], que intentaba competir con él en el arte de tocar ins-

---

[112] Anécdota repetida en Plut., *Mor.* 179B, 334D, y 634D.

[113] Padre de Alejandro Magno.

trumentos de cuerda, diciéndole: «Ojalá nunca te vaya tan mal, oh rey, como para que sepas esto mejor que yo». Epicarmo[114], por el contrario, obra muy mal cuando, habiendo hecho matar Hierón[115] a algunos de sus allegados y habiéndolo hecho llamar a él pocos días después a un banquete, le dijo: «Pero, cuando hace poco hiciste un sacrificio, no llamaste a los amigos». Y contestó mal Antifonte[116] cuando, surgiendo una pregunta y discusión delante de Dionisio como: «¿Cuál es el bronce mejor?», aquél dijo: «Aquel del que los atenienses hicieron las estatuas de Harmodio y Aristogitón»[117]; ya que no aprovecha la ofensa y dureza de estas contestaciones, ni agrada la chocarrería y diversión, sino que tal compor-

---

[114] Uno de los creadores de la comedia doria en Sicilia (550-460 a. C.).

[115] Hierón el Viejo, tirano de Siracusa, en Sicilia, desde el año 378 al 367.

[116] Famoso orador ateniense (480-411 a. C.). Cf. Plut., *Mor.* 833D.

[117] Los célebres tiranicidas de Atenas, que dieron muerte a Hipias, hijo del tirano Pisístrato, en el año 514 a. C.; cf. Hdt., V 55-61.

tamiento es una especie de incontinencia con odio, mezclada con malicia y arrogancia, por la que aquellos que la emplean se destruyen a sí mismos, por cuanto danzan mal la danza sobre el pozo[118]. Pues Antifonte murió por orden de Dionisio, y Timágenes perdió la amistad de César[119], porque nunca empleó un lenguaje generoso, sino que en las reuniones y en las discusiones decía una y otra vez sin ninguna buena intención «sólo aquello que le parecía chistoso»[120], favoreciendo los ataques por ambas partes como una excusa para el vituperio. Pues también son llevadas al teatro por poetas cómicos[121] muchas cosas duras y pertenecientes a la política, pero por estar mezcladas con ellas la risa y la chocarrería, como los ingredientes de baja calidad para las comidas, convierten la franqueza en algo sin consistencia e inútil, de forma que para los que lo

---

[118] Proverbio griego empleado para señalar a aquellos que, de una forma alocada, caen en el infortunio.

[119] César Augusto.

[120] Hom., *Il.* II 215.

[121] Por ejemplo, por Aristófanes, en *Ranas* 686 ss.

dicen queda la fama de maliciosos y desvergonzados, y los oyentes no sacan ninguna utilidad de las cosas que se dicen. Así pues, de otra manera se ha de tratar la broma y la risa con los amigos. La franqueza, que tenga seriedad y buenas maneras. Si trata de cosas muy importantes, que el discurso sea fidedigno y estimulante por su pasión, por su forma y por el tono de voz. Pues, en todo, el momento oportuno que se ha dejado pasar produce grandes daños, pero, más que nada, destruye la utilidad de la franqueza. Así pues, que tal cosa se ha de vigilar en el vino y en la embriaguez es evidente. Pues cubre el buen tiempo con nubes el que, entre bromas y complacencias, compone un discurso que hace levantar el ceño y arrugar la frente, como si se opusiera al dios Liberador que, como dice Píndaro, «desata los lazos de las preocupaciones insoportables»[122]. También la falta de oportunidad comporta un gran peligro. Las almas son muy inclinadas a la ira a causa del vino, y, muchas veces, la embria-

---

[122] Bergk, *Poet. Lyr. Gr.* I 480 (fr. 248). «Liberador» es uno de los epítetos de Dioniso.

guez, si se cruza en el camino, convierte la franqueza en enemistad. Y, en general, no es cosa noble ni que inspire confianza, sino de cobardes, mientras que uno está sobrio, hablar con franqueza en la mesa del que no puede hablar con franqueza, como perros cobardes. Por tanto, no debemos extendernos al hablar de estos temas.

28

Puesto que hay muchos que no quieren ni se atreven a amonestar a sus amigos cuando les va bien en los negocios, sino que, en general, piensan que la prosperidad es inaccesible e inalcanzable a la corrección, pero atacan a los que han caído y fracasado y pisotean a los que están abatidos y humillados, dejando caer sobre ellos incesantemente, como una corriente que crece contra naturaleza, su franqueza, disfrutando contentos del cambio por el anterior orgullo de aquéllos y por su propia debilidad, no es malo hablar de estas cosas y contestar a Eurípides cuando dice:

Cuando la divinidad nos da la prosperidad, ¿qué necesidad
[hay de amigos?[123],

que, sobre todo, los afortunados necesitan de amigos que les hablen con franqueza y reduzcan el orgullo de su mente. Hay pocos a los que con la prosperidad les sobreviene el ser sensatos, la mayoría necesita de reflexiones externas y razonamientos que los empujen desde fuera a ellos que están crecidos y turbados por la suerte. Pero, cuando la divinidad los derrumba y los despoja de su esplendor, en las mismas cosas se halla la amonestación que les produce remordimiento. Por ello, no existe entonces la utilidad de la franqueza amistosa ni de las palabras que tienen peso y censura, sino que, en verdad, en tales cambios

es dulce mirar a los ojos de una persona amable[124]

que les exhorte y anime, como el rostro de Clearco,

---

[123] *Orestes* 667.

[124] Euríp., *Ión* 732.

el cual, dice Jenofonte[125], en medio de las batallas y en los momentos terribles, al ser visto amable y bondadoso, hacía más valerosos a los que se encontraban en peligro.

Pero el que aplica la franqueza y el reproche a un hombre que está en desgracia, como un estimulante para la visión aplicado a un ojo que está turbado e inflamado, no produce ninguna sensación ni libera del dolor, antes bien añade irritación al dolor y exaspera al que está afligido. Así pues, al punto, uno que está sano no es áspero ni cruel, en absoluto, con un hombre amigo que le reprocha sus amoríos y sus borracheras, y le reprocha su falta de ejercicios corporales, sus frecuentes baños y sus inoportunas comilonas. Pero, para uno que está enfermo, no es insoportable, sino una enfermedad mayor, el oír: «Estas cosas te suceden por tu libertinaje y molicie, y por las golosinas y por las mujeres», «Vaya falta de oportunidad, ¡hombre!, estoy escribiendo mi testamento y se me prepara un castorio[126] y es-

---

[125] *Anábasis* II 6, 11.

[126] Cf. nota 39.

camonio[127] por los médicos, y tú me reprochas y filosofas». Por esto, del mismo modo, también los hechos de los que son desgraciados no aceptan la franqueza y la acción de hablar en sentencias, sino que están necesitados de discreción y ayuda. Por eso también las nodrizas no corren hacia los niños que se caen para hacerles reproches, sino que los levantan, los lavan y arreglan, y, después, les reprenden y los castigan.

Se cuenta también que Demetrio Falereo[128], cuando estaba desterrado de su ciudad, y llevaba en Tebas una vida obscura y vivía humildemente, no vio con agrado que Crates[129] viniera a verle, porque temía su cínica franqueza y sus severos discursos. Pe-

---

[127] Medicina purgativa, extraída de la raíces de la escamonea, gomorresina de color gris, olor fuerte y sabor acre y amargo.

[128] Político ateniense del siglo IV a. C., orador, filósofo, discípulo de Aristóteles y amigo de Teofrasto; fue colocado por Casandro, el año 317, al frente del Estado ateniense; diez años después, fue expulsado por Demetrio Poliorcetes y marchó entonces a Egipto.

[129] Crates de Tebas, filósofo cínico y discípulo de Diógenes de Sínope, vivió del año 365 al 285 a. C.

ro, después de que Crates se le acercara mansamente y le hablara de su destierro, de que no era nada malo, ni era justo que sufriera por ello, pues le libraba de negocios muy pesados e inciertos, y le pedía, a la vez, que tuviese confianza en sí mismo y en sus cualidades, alegrándose y volviendo a tener ánimo, dijo a sus amigos: «¡Mal haya aquellos negocios y ocupaciones por las que no conocí a un hombre como éste!».

Pues, para el que está triste, una palabra amiga es
[saludable,
pero para el que está demasiado loco, las amonestaciones[130].

Ésta es la forma de ser de los amigos nobles, pero los viles y miserables son aduladores de los que están en la prosperidad, «como las fracturas y los desgarramientos —dice Demóstenes[131]—, cuando algún mal le sobreviene al cuerpo, entonces se hacen sen-

---

[130] Nauck, *Trag. Graec. Frag.*, *Eurípides*, n.º 962. Cf. también Plut., *Mor.* 102B.

[131] *De la corona* 198.

tir», y éstos se crecen en los cambios de fortuna, como si se alegraran y gozaran con ellos. Pues, también, si necesita de algún aviso en aquellas cosas en las que, mal aconsejado por él, tropezó, es suficiente aquello:

En modo alguno según nuestra intención,
pues yo, ciertamente, intenté disuadirte muchas veces[132].

29

¿En qué casos, entonces, debe ser el amigo severo y emplear alguna vez con fuerza la franqueza? Cuando las circunstancias le invitan a censurar el placer, un acto de ira o de soberbia, o a cortar la avaricia, o a oponerse a un hábito insensato. Así habló con franqueza Solón a Creso, que estaba corrompido y muy ensoberbecido a causa de una felicidad incierta, al aconsejarle que mirase el final[133].

[132] Hom., *Il.* IX 108.

[133] Hdt., I 30-32; Plut., *Vida de Solón* 20 (94D).

De esta manera, Sócrates refrenaba a Alcibíades y derramaba lágrimas sinceras, cuando lo censuraba e intentaba cambiar su corazón[134]. Semejantes fueron los comportamientos de Ciro[135] con Ciáxares[136], y de Platón con Dión[137], cuando estaba en lo más alto de su gloria y atraía hacia sí a todos los hombres a causa de la belleza y la grandeza de sus obras, al aconsejarle que evitara y temiera la «arrogancia como algo inseparable de la soledad». También Espeusipo[138] le escribió que no se enorgulleciera, si se hablaba mucho de él entre muchachos y mujeres, sino que mirase cómo, adornando Sicilia con piedad y justicia y con las mejores leyes, daba celebri-

---

[134] Plat., *Banquete* 215e; cf. también Plut., *Vida de Alcibíades* 6 (194B).

[135] Rey persa del siglo VI a. C.

[136] Hijo de Astiages, el rey de Media; cf. Jenofonte, *Ciropedia* V 5, 5 ss., etc.

[137] Cf. nota 28; Plat., *Cartas* IV 321b, y Plut., *Vida de Dión* 8 (961C), 52 (981B) y *Vida de Coriolano* 15 (220D).

[138] En Dióg. Laer., IV 5, se habla también de cartas de Espeusipo a Dión.

dad a la Academia. Por el contrario, Eucto y Euleo, amigos de Perseo[139], frecuentando su compañía por agradarle, cuando le sonreía la fortuna, y dándole la razón, le eran adictos como los demás. Pero, después de que, luchando con los romanos junto a Pidna, cayó y huyó, arrojándose sobre él, lo criticaban duramente y recordaban lo que había errado y lo que había descuidado, echándole en cara cada cosa, hasta que el hombre, sufriendo enormemente de pena y de ira, hiriéndolos a los dos con un puñal, los mató.

30

De esta forma quede definida, en general, la oportunidad de la franqueza. Pero las oportunidades que los amigos mismos procuran no las debe dejar escapar el amigo cuidadoso sino usarlas. Pues una

[139] Último rey macedonio, derrotado por los romanos bajo el mando de Lucio Emilio Paulo en el año 168 a. C. Cf. Plut., *Vida de Emilio Paulo* 23 (267D).

pregunta, en algunas ocasiones, un relato y el reproche o la alabanza de cosas semejantes en otras personas son como un preludio para la franqueza. Así, se dice que Demarato[140] llegó a Macedonia desde Corinto en un momento en que Filipo estaba reñido con su mujer y su hijo. Después de abrazarle Filipo y de preguntarle cómo los griegos mantenían la concordia unos con otros, Demarato, que era amable y amigo íntimo suyo, le dijo: «En verdad que es muy hermoso, oh Filipo, por tu parte, que preguntes por la concordia entre los atenienses y los peloponesios, pero que no te preocupes de tu propia casa que está llena de revolución y discordia». Y también lo hizo bien Diógenes[141], el cual, después de haber entrado en el campamento de Filipo, cuando se iba a marchar a luchar con los griegos, fue conducido ante él, y éste, sin conocerlo, le preguntó si era un espía: «Sí —respondió—, oh Filipo, un espía de tu insensatez y

---

[140] Cf. Plut., *Mor.* 179C, en donde se relata el resultado feliz de la franqueza de Demarato con Filipo, y también Plut., *Vida de Alejandro* 9 (669C).

[141] Cf. Plut., *Mor.* 606B.

necedad; por la que, sin obligarte nadie, vas a jugarte a los dados tu reino y tu vida en una hora». Esto, en efecto, es quizá demasiado duro.

31

Otra oportunidad para la amonestación es cuando, siendo censurados por otros por las faltas que cometen, se sienten humillados y se deprimen. Un hombre inteligente la usaría convenientemente rechazando y rehuyendo a los que censuran, y cogiendo él a su amigo en particular y recordándole que, aunque no fuera por ninguna otra razón, ellos debían tener cuidado por esto, para que los enemigos no sean atrevidos: «¿Cómo podrán éstos abrir la boca, cómo podrán hablar contra ti, si rechazas y destierras esas cosas por las que hablan mal de ti?». Pues, de esta forma, sucede que la afrenta es del que censura y el provecho del amonestado. Algunos lo hacen de un modo más elegante, pues, al censurar a los demás, se están dirigiendo a sus amigos; en efecto, acusan a otros de lo que saben que aquéllos hacen. Nuestro maestro Amonio, en una reunión vespertina, al saber que algunos de sus discípulos habían hecho un almuerzo nada frugal, mandó a un liberto que azotase a su propio esclavo, explicando que él no podía almorzar sin vinagre, y miró al mismo tiempo hacia nosotros, de suerte que el castigo alcanzase a los culpables.

32

Se ha de evitar, sin duda, además, usar la franqueza con el amigo delante de muchos, pensando en aquel incidente de Platón en el que, después de que Sócrates atacase muy violentamente a uno de sus discípulos mientras hablaba en la mesa, dijo Platón: «¿No hubiera sido mejor que tú le hubieras dicho estas cosas en privado?». Y Sócrates le respondió: «¿Y tú no hubieras hecho mejor diciéndome a solas esto?». Y se cuenta que, habiéndole reprendido Pitágoras[142]

---

[142] Filósofo griego, matemático y físico de la isla de Samos (580-500 a. C.).

muy duramente a un amigo en presencia de otros muchos, el joven se ahorcó por ello y que, desde entonces, nunca más Pitágoras volvió a reprender a nadie estando otro presente. En efecto, es necesario que la amonestación y el descubrimiento de una falta, como los de una enfermedad indecorosa, se hagan en secreto y sin convocar una asamblea, sin ostentación y sin testigos y espectadores, pues no es propio de un amigo, sino de un sofista, ufanarse con los errores ajenos, jactándose ante los presentes, como los cirujanos que realizan su trabajo en los teatros con el fin de adquirir clientela.

Fuera de la injuria, la cual no se debe permitir en ningún tratamiento, se debe prestar atención a la rivalidad y a la arrogancia de este vicio. Pues no se puede decir simplemente, como Eurípides: «el amor reprendido atormenta más»[143], sino que, si uno reprende en presencia de muchos y no perdona, todo vicio y toda pasión se convertirán en algo

---

[143] En la *Estenebea*; cf. Nauck, *Trag. Graec. Frag.*, *Eurípides*, n.º 665.

vergonzoso. Por esto, igual que Platón[144] pedía que los ancianos que intentan infundir un sentido del respeto entre los jóvenes respetaran ellos mismos primero a los jóvenes, del mismo modo entre los amigos una franqueza modesta engendra sobre todo modestia, y el acercarse poco a poco con precaución y atacar al que ha errado socava y destruye el vicio que se llena de respeto hacia aquello que lo respeta. Por ello, tiene razón el verso

teniendo la cabeza cerca, para que no se enterasen los
[demás[145].

Y no conviene en modo alguno descubrir a un hombre si escucha su mujer, a un padre en presencia de sus hijos, a un amante en presencia del amado, o a un maestro en presencia de sus discípulos, pues se ponen fuera de sí de pena y de dolor, si son reprendidos delante de aquellos entre los que quieren ser estimados. También creo que

---

[144] *Leyes* 792c. Cf. Plut., *Mor.* 14B, 144F y 272C.

[145] Hom., *Od.* I 157 y en otros lugares.

Clito[146] no irritó tanto a Alejandro por su embriaguez como porque le parecía que lo humillaba en presencia de muchos. Y Aristómenes, el maestro de Ptolomeo[147], porque golpeó al rey que dormitaba para despertarlo estando presente una embajada, dio una oportunidad a los aduladores, que fingían disgustarse por el rey y decían: «Si te hubieras quedado dormido por tus muchas ocupaciones y por tu falta de sueño, habríamos debido censurarte en privado, no ponerte las manos encima delante de hombres tan importantes». Él, habiendo enviado un vaso de veneno, mandó que Aristómenes lo bebiera. Aristófanes dice que también censuraba a Cleón, que

en presencia de gente extranjera hablaba mal de la ciudad[148]

e irritaba a los atenienses. Por esto, es necesario que

---

[146] Cf. Plut., *Vida de Alejandro* 50-51 (693C), donde se narra esta historia.

[147] Ptolomeo V Epífanes (205-181 a. C.). Cf. Polibio, XV 31.

[148] *Acarnienses* 503.

se guarden mucho también de este vicio, junto con los demás, quienes desean no hacer ostentación ni demagogia, sino emplear la franqueza de un modo beneficioso y diligente.

Y lo que Tucídides[149], ciertamente, ha hecho que los corintios digan de sí mismos, que son «dignos de censurar» a otros, no estaba mal dicho y convendría que lo tuvieran presente los que hablan con franqueza. Pues Lisandro[150], según parece, dijo a uno de los de Mégara, que en presencia de los aliados hablaba con franqueza sobre Grecia, que sus palabras necesitaban una ciudad[151]. La franqueza necesita, igualmente, de un hombre de carácter y esto es especialmente cierto referido a aquellos que amonestan a otros y los corrigen. En efecto, Platón decía que reprendía a Espeusipo[152] con su vida, co-

---

[149] I 70.

[150] Cf. Plut., *Vida de Lisandro* 22 (445D), y *Mor.* 190E y 229C. Lo mismo se atribuye a Agesilao en *Mor.* 212E.

[151] Es decir, sus palabras las necesita una ciudad que tenga poder para realizar lo que se está pidiendo.

[152] Cf. nota 138.

mo seguramente también Jenócrates a Polemón[153]: con sólo haberlo mirado en la conversación y haber puesto los ojos en él, lo mudó y cambió. Pero, si un hombre ligero y de mal carácter quiere usar la franqueza en su discurso, conviene que escuche antes esto:

tú eres médico de otros, estando tu mismo cubierto de llagas[154].

33

Sin embargo, puesto que, siendo nosotros mismos malos y, al encontrarnos con otros que son iguales, muchas veces las circunstancias nos llevan a amonestarlos, la forma más adecuada sería la que implicara y abarcara de alguna manera en la censura al que

---

[153] Jenócrates de Caledón y Polemón de Atenas, del siglo IV a. C., maestro y discípulo respectivamente, fueron jefes de la Academia platónica. Sobre Platón y Espeusipo, cf. Plut., *Mor.* 491F.

[154] Nauck, *Trag. Graec. Frag., Eurípides*, n.º 1086, citado también en Plut., *Mor.* 88D, 481A y 1110E.

habla con franqueza. Así el verso en el que se dice:

Tidida, ¿sufriendo nosotros dos qué cosa, nos hemos
  [olvidado de nuestro impetuoso valor?[155],

y aquél:

Ahora ni siquiera valemos lo que sólo uno, Héctor[156].

También, del mismo modo, Sócrates reprendía poco a poco a los jóvenes, como si tampoco él estuviera libre de ignorancia, sino pensando que, juntamente con aquéllos, tenía que preocuparse de la virtud y buscar la verdad. Pues se ganan afecto y confianza los que parece que cometen las mismas faltas y que mejoran a los amigos como a sí mismos. Pero el que se alaba a sí mismo, al reprender a otro, como hombre puro y limpio, a no ser que sea de edad muy avanzada, y si no tiene reconocida una dignidad por su virtud y su fama, por parecer odioso y pe-

[155] Hom., *Il.* XI 313.
[156] *Ibid.*, VIII 234-235.

sado, no reporta utilidad alguna. Por esto, Fénix resaltó sus propias desventuras: cómo intentó por ira matar a su padre y cómo se arrepintió enseguida:

para que no fuera llamado parricida entre los aqueos[157],

no sin ningún propósito, sino para no parecer que reprochaba a aquél[158], como si él estuviera limpio de ira y de otras faltas. Pues tales amonestaciones penetran moralmente, y se cede más entre los que parece que padecen defectos semejantes, pero no ante los que parece que nos menosprecian.

Puesto que una luz brillante no debe ser aplicada a un ojo hinchado, ni un alma apasionada acepta la franqueza y la amonestación desnuda, entre las más provechosas de las ayudas está la alabanza que se mezcla livianamente, como en estos versos:

Vosotros ya no abandonáis con honra vuestra impetuosa
[bravura,

---

[157] *Ibid.*, IX 461.
[158] Aquiles.

pues sois los mejores en el ejército. Ni yo increparía a un hombre que abandonara el combate, siendo un miserable. Pero me indigno en mi corazón contra vosotros[159],

y

oh Pándaro, ¿dónde están tu arco, tus aladas flechas y tu fama, con las que ningún hombre aquí rivaliza?[160]

Y, claramente, animan mucho también palabras como éstas a los que se dejan llevar por el error:

¿Y dónde está Edipo y aquellos sus famosos enigmas?[161],

y

Y Heracles, que ya ha sufrido tanto, ¿dice estas cosas?[162]

---

[159] Hom., *Il.* XIII 116-119.
[160] *Ibid.*, V 171-172.
[161] Euríp., *Fen.* 1688.
[162] Euríp., *Her.* 1250.

Pues esto no sólo suaviza la aspereza y la represión del reproche, sino que también hace que uno sea celoso consigo mismo al avergonzarse de sus malas acciones con el recuerdo de las buenas, y al ponerse a sí mismo como ejemplo de lo que es lo mejor. Pero, cuando los comparamos con otros de la misma edad, con ciudadanos o familiares, el espíritu de rivalidad propio del vicio se disgusta e irrita, y muchas veces acostumbra contestar esto con ira: «¿Por qué no te marchas con los que son mejores que yo y no me produces dificultades?». En efecto, se ha de llevar cuidado para, al hablar con franqueza a unos, no alabar a otros, a no ser que, sí, ¡por Zeus!, sean los padres. Así lo hace Agamenón:

Tideo engendró a un hijo poco parecido a él[163],

y Odiseo dice en *Los escirios*:

¿Y tú, nacido del padre más noble entre los griegos, ¡ay!,
[estás hilando,

[163] Hom., *Il.* v 800.

deshonrando la resplandeciente luz de tu linaje?[164]

34

De ningún modo conviene que el que es amonestado amoneste y que oponga franqueza a franqueza, pues rápidamente inflama y produce desacuerdo y, en general, no parecería que el tal altercado fuese propio de uno que quisiera, a su vez, contestar con franqueza, sino propio de uno que no soportase la franqueza. En efecto, es mejor soportar al amigo que piensa amonestar, ya que, si después él mismo comete una falta y necesita amonestación, esto mismo admite que se conteste con franqueza a una interpelación hecha con franqueza. Pues, recordándole, sin propósito de revancha, que tampoco él acostumbra dejar pasar las faltas que cometen los amigos, sino que suele reprochar y enseñar, más otorgará y aceptará la corrección, por

---

[164] De un poeta desconocido (Nauck, *Trag. Graec. Frag.*, *Adesp.*, n.º 9; citado también en Plut., *Mor.* 34D).

ser la recompensa de una gracia y de un favor, no de un reproche, ni de un acto de ira.

35

Además, Tucídides[165] dice: «El que por hechos de gran importancia se atrae la envidia, decide rectamente». Y conviene al amigo aceptar lo desagradable que procede de una amonestación por cosas grandes y muy importantes. Pues, si se enfada con todo y por todo y se acerca a los amigos no con amistad sino como un maestro, será débil e inútil cuando amoneste en las grandes ocasiones abusando de la franqueza, como el médico que abusa de un medicamento fuerte o amargo, pero necesario y excelente en muchas y pequeñas cosas, pero que no son necesarias. Por esto, él se cuidará mucho de ser un censor constante. Y cuando el otro sea minucioso y encuentre faltas en todo, entonces el amigo tendrá la oportunidad para amonestarle en los defectos

---

[165] II 64.

mayores. Pues también el médico Filótimo[166], al enseñarle un hombre, que sufría de un absceso al hígado, su dedo ulceroso, le dijo: «¡Mi querido amigo!, no está tu mal en un panadizo»[167]. Ciertamente, también la ocasión permite al amigo decir al que le acusa de cosas pequeñas y de ningún valor: «¿Por qué hablamos de bromas, festines y charlatanes? Mi querido amigo, que despida a la concubina, que deje de jugar a los dados y las demás cosas, y ése será para nosotros un hombre admirable». Pues el que consigue el perdón en las cosas pequeñas, concede al amigo de buena gana la franqueza en las grandes. Por el contrario, el que está siempre y en todo amargado y triste por querer saberlo todo y por ocuparse de muchas cosas, es insoportable no sólo a los hijos y a los hermanos, sino también a los esclavos.

---

[166] Cf. Plut., *Mor.* 43B, donde se cuenta la misma anécdota.

[167] Inflamación aguda del tejido celular de los dedos, principalmente de su primera falange.

36

Y, puesto que no todos los males, según Eurípides[168], acompañan a la vejez ni a la necedad de los amigos, es necesario no observar a los amigos sólo cuando cometen faltas, sino también cuando obran bien, y, ¡por Zeus!, alabarlos de buena gana en primer lugar; e igual que el hierro se condensa con el frío y acepta más tarde convertirse en acero después de haberse relajado primeramente por el calor y haberse hecho blando, del mismo modo a nuestros amigos, una vez que han sido suavizados y calentados por las alabanzas, les aplicaremos poco a poco, como un temple de hierro, la franqueza. Pues la ocasión nos permite decir: «¿Acaso es justo comparar aquello con esto? ¿Ves qué frutos produce el bien? Estas cosas pedimos tus amigos, estas cosas son apropiadas para ti, has nacido para estas cosas pero aquéllas debes tú desterrarlas lejos de ti,

---

[168] *Fen.* 528.

hacia el monte o hacia la ola del mar resonante»[169],

pues, así como el médico bueno desearía curar la enfermedad del que sufre con sueño y con alimentos más que con castorio[170] y escamonio[171], del mismo modo también el amigo amable, un buen padre y un maestro se alegran si usan la alabanza más que el reproche para corregir el carácter. Pues no hay otra cosa que consiga que el que habla con franqueza haga menos daño y cure tanto como el que evite la ira en su carácter y ataque con benevolencia a los que yerran. Por esto, no es preciso corregir ásperamente a los que se niegan ni prohibirles que se defiendan, sino también ayudarles a encontrar excusas convenientes y, dejando el motivo peor, proporcionarles uno más tolerable, como Héctor a su hermano:

Infeliz, no está bien que pongas tanta ira en tu corazón[172],

---

[169] Hom., *Il.* VI 347.

[170] Cf. nota 39.

[171] Cf. nota 127.

[172] Hom., *Il.* VI 326.

como si su retirada del combate no fuera una deserción o cobardía, sino un acto de ira. Y Néstor a Agamenón:

Tú cediste a tu magnánimo corazón[173].

Pues creo que es más discreto «no te diste cuenta», «no ignoraste», que «has cometido injusticia» o «has obrado torpemente», y «no disputes con tu hermano» y «huye de la mujer que te corrompe», que «deja de corromper a la mujer». Pues tal actitud es la que persigue la franqueza que desea curar, pero la que estimula a la acción usa la actitud contraria. Pues, cuando se desea refrenar a los que van a cometer una falta, alzándose contra un ímpetu fuerte que es traído desde la parte opuesta, o queremos incitar y animar a los que son blandos y perezosos para el bien, es necesario transferir lo sucedido a motivos absurdos e inverosímiles. Como, en Sófocles, Odiseo, intentando irritar a Aquiles, no dice que se irritaba por la comida, sino:

[173] Hom., *Il.* IX 109.

> *¿Estás temeroso, porque ves ya*
> *los muros de Troya?*[174],

y después de esto, otra vez, como Aquiles se enfadara y dijera que iba a emprender la navegación:

> *yo sé por qué huyes, no porque eres calumniado,*
> *sino porque está cerca Héctor; es bueno irritarse.*

En efecto, amedrentando al que es animoso y valiente con el reproche de la cobardía, al moderado y virtuoso con el del libertinaje, al liberal y magnánimo con el de la mezquindad y la avaricia, los animan hacia el bien y los apartan del mal, demostrando que son moderados en las cosas irremediables, teniendo en su franqueza más lástima y compasión que censura, pero siendo vehementes, inexorables y firmes en sus prevenciones contra los yerros cometidos y en sus luchas denodadas con las pasiones. Pues ésta es la oportunidad de una buena disposición íntegra y de una verdadera franqueza. Y

---

[174] Nauck, *Trag. Graec. Frag.*, Sófocles, n.º 141.

vemos que los enemigos usan unos contra otros la censura de sus acciones, y, como decía Diógenes[175], que el que desea salvarse debe tener amigos buenos o enemigos fogosos. En efecto, los unos enseñan, los otros los prueban. Ciertamente, es mejor evitar los errores, obedeciendo a los que aconsejan, que el que yerra se arrepienta por los que hablan mal. Y, por esto, es necesario ejercitarse en el arte de la franqueza, en la idea de que es la más grande y poderosa medicina en la amistad, que necesita siempre de una oportunidad con buena puntería y de un temperamento moderado.

37

Entonces, puesto que, como se ha dicho, la franqueza es muchas veces dolorosa para aquel que la cultiva, es necesario imitar a los médicos, pues ni aquéllos, cuando hacen un corte, dejan la parte afectada en su sufrimiento y dolor, sino que la tra-

---

[175] Cf. Plut., *Mor.* 82A y 89B.

tan convenientemente con lociones suaves y derraman sobre ella fomentos, ni los que amonestan con agrado se marchan, después de haber arrojado su aspereza y mordacidad, sino que con otras conversaciones y palabras moderadas calman y animan, como los escultores allanan y abrillantan las partes de las estatuas golpeadas y cinceladas. Pero el que ha sido herido e irritado con la franqueza, si se le deja agitado, hinchado y quebrado a causa de la ira, será difícil que responda en otra ocasión a una llamada y será inconsolable. Por eso, también es preciso que los que amonestan lleven cuidado, sobre todo, en estos casos y no abandonen demasiado pronto ni permitan que algo triste e irritante para sus amigos ponga fin al encuentro y a la conversación.